本书为河南高等教育教学改革研究与实践重点项目"职教书院与专业学院'双院制'协同育人模式创新与实践"(项目号:2021SJGLX724)研究成果

刘丽彬 张兰花 著

中国特色职教书院实践与探索

西南大学出版社
国家一级出版社 全国百佳图书出版单位

图书在版编目(CIP)数据

中国特色职教书院实践与探索 / 刘丽彬,张兰花著. -- 重庆：西南大学出版社, 2023.12
ISBN 978-7-5697-2055-6

Ⅰ.①中… Ⅱ.①刘… ②张… Ⅲ.①高等职业教育—书院—教育制度—研究—中国 Ⅳ.①G718.5

中国国家版本馆CIP数据核字(2023)第214991号

中国特色职教书院实践与探索
ZHONGGUO TESE ZHIJIAO SHUYUAN SHIJIAN YU TANSUO

刘丽彬　张兰花　著

责任编辑｜路兰香
责任校对｜鲁　艺
装帧设计｜艺点设计
出版发行｜西南大学出版社
　　　　　地　　址｜重庆市北碚区天生路2号
　　　　　邮　　编｜400715
印　　刷｜重庆正文印务有限公司
幅面尺寸｜170 mm×240 mm
印　　张｜15.25
字　　数｜205千字
版　　次｜2023年12月第1版
印　　次｜2023年12月第1次印刷
书　　号｜ISBN 978-7-5697-2055-6
定　　价｜78.00元

校长刘丽彬在"洛科这十年高质量发展大会"上的讲话

览十载春华秋实，谱职教改革新篇
——洛科这十年高质量发展报告
（代序）

弦歌不辍，薪火相传。2023年，洛阳科技职业学院（简称"洛科"）迎来了建校35周年，也是学校高职办学10周年，更是学校高质量持续发展的关键之年。在这金秋送爽、丹桂飘香的十月，为回顾发展历程，总结办学经验，展示办学成就，凝聚师生力量，展望未来发展，我们以洛科这十年高质量发展为主体内容，撰写出版了《览十载春华秋实 谱职教改革新篇——洛科这十年高质量发展记》《河洛文化传承与大学校园文化建设——洛科文化体系释义》《中国特色职教书院实践与探索》三本学术著作，以此见证这一重要的发展历史，答谢长期以来社会各界对洛科发展的热切关注与大力支持。

一、过去十年发展回顾

十八大以来，习近平总书记对职业教育工作多次作出重要指示，强调："在全面建设社会主义现代化国家新征程中，职业教育前途广阔、大有可为""加快构建现代职业教育体系，培养更多高素质技术技能人才、能工巧匠、大国工匠"。学校顺应时代发展要求，顺应国家发展战略，顺应职业教育改革，迎来了高质量发展的新时期。高职办学十年来学校荣获"职业教育院校卓越奖""中国特色知名院校""河南省语言文字规范化示范校""河南省深化创新创业教育示范校""河南省优质特色学校""中原十大品牌影响力典范院校""河南省最受高中生关注高职院校"等荣誉,并且连续三年荣获全国高职院校百强校称号,得到了各级领导和社会各界的高度认可。全国政协副主席朱永新,河南省委常委、洛阳市委书记江凌等国家、省市领导先后到校调研指导。

(一)这十年,我们高举旗帜凝心聚力,党建工作成绩斐然

学校深入学习贯彻落实习近平新时代中国特色社会主义思想和党的十八大、十九大、二十大精神,坚持社会主义办学方向,深入落实全国全省职业教育大会精神,紧紧围绕新时代党建"5+2"总体布局,矢志教育初心,不断加强党建机制建设,配优党建思政队伍,创新党建育人模式,注重党建社会服务,坚守为党育人、为国育才使命,以高质量党建引领学校事业高质量发展。

学校抓党建促发展得到了上级党组织和教育主管部门的充分肯定,学校党建思政工作荣获"河南省先进基层党组织""河南省样板党支部"等省级及以上荣誉200余项,学校党建工作经验做法得到了学习强国、河南省教育厅、河南日报等平台的高度关注和深度报道。

(二)这十年,我们青年友好文化育人,环境氛围迅速提升

"文化是一个国家、一个民族的灵魂。文化兴国运兴,文化强民族强。"立足高质量发展新时代,学校积极推进大学文化建设,用文化引领学校高质量发展。学校坚持"以父母之心育人,帮助学生成就梦想"的办学宗旨,践行"理实一体,知行合一"校训,树立"认同、尊重、激活"育人新理念,致力于建设青年友好型职业大学,深入推进"学院书院、双院育人""政校行企、协同育人",形成了"一体两翼"的洛科特色育人模式,围绕"建'双高',升本科,办高水平职业技术大学"战略目标,打造洛科的精神图腾洛科鼎及河图洛书、丝绸之路铜浮雕;发布

《洛科赋》《洛科鼎铭》、校歌《匠心追梦》；建设洛科大讲堂思政育人平台，打造焦桐大道、焦裕禄广场，以文育人，以文化人。9月3日我们成功举办河洛文化传承与大学校园文化建设研讨会，传播量超十亿。

(三)这十年，我们学院书院双院育人，育人模式锐意创新

学校持续深化人才培养模式变革，用高素质人才培养牵引高质量发展。全面贯彻落实教育部高校"一站式"学生社区综合管理模式建设推进会会议精神，对照《河南省高校"一站式"学生社区综合管理模式建设工作实施方案》要求，全面推进书院制改革。洛科书院由八大书院构成，坚持以思政教育为核心，以技术技能培养为导向，以人文素养培育为基础，以主题工坊为依托，以特色活动为载体，以书院文化浸润心灵，构建"三全育人"新模式。坚持全方位育人，党组织、团组织、学生自治委员会全部进入书院，各书院有独特的院训、院徽、院旗以及核心素养目标，学生社团组织、主题工坊特色鲜明，不同学科、不同年级、不同背景的学生在各个住宿书院里，文理渗透、专业互补、思想碰撞、个性彰显，使学生跨界思维、跨专业交流、人际协调等综合素质得到全方位提升。坚持全员育人，学院有行政班主任、任课教师、学业导师和就业导师，书院有党员导师、育人导师、生活导师和朋辈导师，学工体系全面融入书院，形成了五级网格化育人体系，让全员育人落到了实处。学校坚持全过程育人，全面推进基于成果导向的OBE[①]教育模式变革，建设了应用型人才培养目标体系；依托教学管理云平台，打造线上线下混合式教学新形态，将"三全育人"理念贯穿在整个教育教学过程，培养厚德博学、内心充盈、敏行善言的高素质技术技能人才。

(四)这十年，我们政校行企协同育人，人才培养初显成效

近年来，学校顺应发展潮流，主动融入区域产业发展和经济建

---

① Outcomes-Based Education，以成果为导向的教育或以产出为本的教育。

设,按照"地方离不开,行业都认可,国际可交流"的要求,积极推进"一群对接一产业,产业学院强融合"的产教融合创新模式。对标区域发展战略,依托专业群与行业企业合作建立了9个现代产业学院,4个产教融合研究院,与中信重工、京东方、一拖集团、中软国际、北京软通动力、南京第五十五所、江苏京东金科、洛阳科创、洛阳广电、洛阳国宏等128家国际国内知名企业建立了长期合作关系,建成了25个校内实训基地和159个校外实训基地。当选了全国现代服务业职业教育集团副理事长单位,全国机械行业现代机电技术职教集团副理事长单位,河南机电设备与自动化职业教育集团副理事长单位,新一代信息技术产教融合联盟副理事长单位,高校毕业生就业协会学前教育与托育服务工作委员会副理事长单位,UK NARIC[①]中方理事会成员单位,全球工匠联盟(亚太区)常务理事单位,形成了产教融合、校企合作、工学交替、学工一体的人才培养模式,增强学生就业竞争力,实现教学与就业的紧密对接,为社会输送了十余万名高职人才。

(五)这十年,我们专业建设适配需求,内涵建设成果凸显

专业建设是学校教育教学工作的龙头。在专业建设方面,学校坚持多元化育人体系建设,主动对接国家、省、市及县域产业、经济、社会发展大局,适配社会发展对高职教育的要求,专业结构瞄准产业结构,专业升级紧跟产业升级,不断改革创新,与时俱进。在专业设置上既有体现当代气息的跨境电商、空中乘务、城市轨道交通运营管理、动漫制作、大数据、云计算等专业,也有改造升级重新焕发青春的传统专业,如汽车维修专业更新为新能源汽车专业,机械加工专业升级为数控技术专业等。

学校积极推进专业内涵建设,成功申报了3个省级骨干专业群,9

[①] 英国国家学历学位评估认证中心。

个品牌专业,其中国家级1个,省级8个;成为教育部中德先进职业教育合作项目(SGAVE)首批试点院校;教学成果奖、精品课程建设成果奖不断涌现;《玉雕技艺传承与创新应用人才培养》入选国家艺术基金项目,电子商务专业教师队伍获评河南省教师教学创新团队。

(六)这十年,我们坚持高质量就业是立校之本,就业工作成果突出

学校坚持高质量就业是立校之本,不断改革教学关系,以学生为中心,深化校企合作,加强实习实训,积极构建特色产教融合育人模式,专业群对接支柱产业和新兴产业,通过产业学院加强人才培养供给侧与产业需求侧紧密互融互通,促进课程内容与技术发展对接、教学过程与生产过程对接,让学生在实际生产、操作中掌握专业知识、提升专业技能。

学校多年来毕业生就业去向落实率均超过97%,连续多年毕业生就业率处于全省前列,并连续多次荣获河南省、洛阳市就业先进单位。多行业多领域均有洛科优秀学子的身影,如在经济发达、创新活跃的京津冀、长三角、珠三角地区,在吉利汽车、北京京东、比亚迪股份等世界500强,在迈为科技、隆基绿能、中信重工、北方玻璃等上市企业公司,在能源电力生产供应、智能制造设备等基础产业,在高端制造业、软件与信息服务业、建筑业、科学研究和技术服务业、金融业,等等。

(七)这十年,我们强化双师双能,师资质量快速提升

学校高度重视教职工队伍建设,坚持德才兼备、以德为先原则,顺应新时代职业教育改革新要求,制订职业教育师资素质培养提升计划,开发职业教育师资培养课程体系,开展定制化、个性化培养培训。深入实施高级人才引进、教师学历提升、双师型队伍建设等工程,设置灵活的用人机制,选聘行业企业的能工巧匠、专家名家走进课堂担任

兼职教师。加大高学历高职称人才的引进力度,目前教授、副教授等副高及以上职称教师占教师总数的30%以上,博士、硕士学位教师占教师总数的40%以上,双师型教师占专业课教师的70%,兼职教师超过30%,打造了一支师德高尚、素质优良、技艺精湛、结构科学、专兼结合的高素质专业化教师队伍,为学校的高质量发展提供了坚强有力的保障。

(八)这十年,我们助力终身教育,社会服务卓有成效

学校依托校内实训基地、国家职业技能鉴定所,充分发挥人才、资源和技术优势,持续提升区域社会服务水平,取得显著成效。助力社会发展方面,学校推动行业、企业、高校三方共同发力,依托学校中国物流学会产学研基地、河南省高校众创空间、河南省钨钼材料数字成型工程研究中心、洛阳市数控加工工程技术研究中心、"洛克8"众创空间、洛阳市5G网络空口管理研究重点实验室、洛阳市数控加工工程技术中心等,推进终身教育体系建设,多措并举助力区域社会发展。技能鉴定和培训方面,学校具备78个项目的职业技能等级认定资质,面向社会适龄青年和各类群体提供多样化服务,营造了人人皆可成才、人人尽展其才的良好社会环境,培训人数、鉴定人次在洛阳市名列前茅。服务地方经济、助力乡村振兴方面,学校与洛阳国家高新技术产业开发区等多地地方政府签订战略合作协议,共同组建跨境电商产业学院;与洛阳市洛新产业集聚区合作共建河南省智能化示范园区;与清华大学天津高端装备研究院洛阳先进制造产业研发基地进行战略合作,孵化、服务优秀企业。学校还发挥职教优势,助力乡村精准脱贫,在洛阳市委的统一领导下先后承担完成新安县和伊川县的扶贫任务。我们同新安县政府合作,在每个乡镇建立电商培训点,把乡村的手工制品、土特产、水果等通过电商销售到全国各地。

回首洛科这些年走过的历程,从几间校舍几百名学生,薪火传承,教泽绵延,到如今繁花似锦的洞水之沿高楼林立、名师荟萃,砥砺奋进之路艰难曲折而又光辉灿烂。"年年桃李,岁岁芬芳",学校蓬勃发展取得的成绩,得益于国家新时代发展趋势,得益于职业教育大改革大发展,得益于学校坚持正确办学方向,坚守"以父母之心育人"初心。这些成绩的取得,离不开党和国家政策的重视与指引,离不开各级党委政府和社会各界的关心支持,离不开中国新高教集团的投入和赋能,离不开一代代洛科人的无私奉献和艰苦奋斗!借此机会我代表洛阳科技职业学院,向关心、支持学校改革、发展和建设的各级党委政府、社会各界人士及全体洛科人致以崇高的敬意和衷心的感谢!

二、新征程新任务新发展

习近平总书记在党的二十大报告中强调,要"健全终身职业技能培训制度",加快建设包括大国工匠和高技能人才在内的"国家战略人才力量"。当前,新职业教育法颁布生效,全国全省教育工作会议相继召开,国家《关于深化现代职业教育体系建设改革的意见》《职业教育产教融合赋能提升行动实施方案(2023—2025年)》先后发布,党和政府对职业教育的重视提升到前所未有的高度。学校发展又站在了一个新的历史起点,进入到战略发展的关键时期。

学校将继续坚持以高质量发展为战略方向,锚定"建'双高',升本科,办高水平职业技术大学"战略目标,以"师生体验佳,校园环境美,学生发展好,教学质量优,师资队伍强"为战略支撑,聚焦"一个加强""四个打造""五个提升"十大工程建设,着力提升高素质技术技能人才培养质量,打造特色鲜明的高职办学品牌,建成"双高"校,力争实现升格本科层次职业大学。

(一)"一个加强"引领学校高质量发展

"一个加强"即加强党的领导。充分发挥党组织政治核心作用，持续强化党建引领。贯彻党的教育方针，坚持社会主义办学方向，践行立德树人初心和为党育人、为国育才使命，把党的领导落实到办学治校、立德树人全过程。同时大力夯实基层党组织建设，加强思想政治教育和德育工作。

(二)"四个打造"引领学校高质量发展

一是打造以建设"青年友好型职业大学"为主体，"学院—书院双院育人""政—校—行—企协同育人"为两翼的"一体两翼"发展模式。积极探索中国特色职教书院改革之路。全面推进学分制和习分制建设，确立"学院+书院"管理融合及基本运行机制，实现"三全育人"新格局。深化"政—校—行—企协同育人"新机制，探索"产教融合"新路径，将"政—校—行—企协同育人"模式融入国家战略、融入区域发展、融入行业进步。

二是打造产教融合、服务创新平台。构建"一群对接一产业，产业学院强融合"的产教融合模式。面向市场，围绕行业、产业发展，以"专业对接产业、人才服务区域"为中心，充分发挥产教融合、校企合作在高素质技术技能人才培养，高水平专业群规划与建设，学生创新创业能力塑造与终身发展方面的引领作用。强化创新创业及就业服务平台建设，打造学校双创实施新路径。

三是打造高水平专业群。围绕区域产业发展组建高水平专业群。结合区域地方经济和产业特色，瞄准职业岗位和需求，准确把握市场对各类人才的需求情况，做实八大专业群。坚持OBE理念，推动"三教"改革。持续推进OBE理念下的"三教"改革，全面实施"强一线行动"，让一线教师干扰更小、支持更多、流程更优、激励更大、能力更强、发展更好;掀起课堂革命,提升教师教研教改能力;"升级"教材、"激活"教法,提高人才培养质量。创新专业管理,构建"产业—专业—就业"三位一体的人才培养模式。

四是打造高水平师资队伍。构建专兼结合、结构合理的师资队伍,完善学校人才引进体系,不断优化学校师资队伍结构。健全教师研修体系,促进教师职业发展。以进一步提高教师学历层次为目标,建立多元人才发展通道,鼓励教师攻读硕士、博士学位,改善师资队伍的学历结构。完善人才激励机制,激发人才内在活力。

(三)"五个提升"引领学校高质量发展

一是提升校企合作水平。服务区域发展战略,精准对接区域产业体系。瞄准河南省"456"战略性新兴产业和未来产业体系,以及洛阳市"'1+10'+7+'5+5'"的产业布局体系前景目标,学校八大专业群建设精准对接区域产业体系转型升级需求,服务区域产业发展战略。创新政校行企合作机制,聚焦产业学院、职教集团建设,提升校企合作层次和质量。

二是提升服务发展水平。围绕"人人持证、技能河南",大力提升社会培训能力,助力"技能河南"目标实现。拓宽社会服务范围,提高社会服务层次,实现经营效益。提升横向课题研究能力,强化课题成果应用。

三是提升学校治理水平。健全学术治理架构,完善学校学术委员会、教学委员会建设。强化院校二级管理体制,完善考核评价机制。

四是提升校园建设与管理水平。持续推进校园基础建设,为学校高质量发展奠定坚实基础。加快智慧校园建设,促进信息化教学和服务能力提升。创新教育教学模式,提升校园文化生活品质。

五是提升国际化水平。要坚定不移在联合、引进、消化、吸收、创新和扩大上下功夫。参与职业教育国际标准制定,推动专业国际认证。服务"一带一路"建设,提升国际化技术技能培训能力。主动对接国家战略,推动与"一带一路"共建国家高校职业教育方面的双向合作与交流。不断提高国际化合作办学层次和水平。在办学理念国际化、教学组织国际化、学生国际化、教师国际化、课程国际化和中外合作办学等方面找到契合点,重点突破,做出成效。

征程万里云鹏举,风正帆悬正可期。

新起点,新目标,新征程,让我们始终秉承"以父母之心育人,帮助学生成就梦想"的办学宗旨,坚持"以学生为中心,以贡献者为本,组织利益至上"的核心价值观,积极践行"理实一体,知行合一"的校训,坚持高质量就业是立校之本的发展策略,紧紧围绕"建'双高',升本科,办高水平职业技术大学"的战略目标,努力成为扎根中原大地的高水平职业技术大学,为服务地区经济社会发展再添新力。

最后,感谢社会各界对洛科的厚爱,祝愿洛科蒸蒸日上、越办越好!

2023年10月15日于洛阳科技职业学院

引 言

习近平总书记指出："职业教育前途广阔、大有可为。"

职业教育在技能型社会建设中扮演着重要的推动者角色，是与经济社会发展联系最为直接、最为密切、具有跨界属性的教育类型，是一种让受教育者获得从事某种职业或生产劳动所必需的职业知识、技能和职业道德的教育。党的二十大报告提出"统筹职业教育、高等教育、继续教育协同创新，推进职普融通、产教融合、科教融汇，优化职业教育类型定位"，以马克思主义系统观、整体观阐发了"三教"（职业教育、高等教育、继续教育）协同和"三融"（职普融通、产教融合、科教融汇）发展思想。其中"职普融通"和"优化职业教育类型定位"的创新提法，为职业教育构建新发展格局和高质量发展指明了方向，极大地激励了职业教育发展的信心和士气。也是首次明确地将"大国工匠"和"高技能人才"纳入国家战略人才行列，放置在前所未有的高度。这不仅意义非凡，而且新时代特色十分突出。

在国家政策的激励下，我国职业教育迎来了前所未有的新机遇，步入了快速发展的新轨道，呈现出了崭新的时代风貌。

目 录

第一章 | 职业教育高质量发展呼唤书院制改革

一、职业教育高质量发展形势与政策 /1

二、职业院校人才培养现状与问题 /15

三、书院制改革顺应高职发展新需求 /24

第二章 | 洛科职教书院制改革动因

一、学校高质量发展的需要 /29

二、学生可持续发展的需要 /44

三、"三全育人"模式创新的需要 /48

四、地域文化支撑书院制改革 /55

第三章 | 洛科书院育人理念

一、洛阳科技职业学院育人理念 /60

二、洛科书院育人理念 /68

第四章 | 洛科书院文化体系

一、洛科书院文化体系构建 /82

二、洛科书院文化标识 /87

三、洛科书院文化内涵 /104

第五章　洛科书院治理体系

一、"学院—书院"双院育人体系　/124

二、书院组织管理架构　/135

三、书院管理制度　/148

第六章　洛科书院育人特色

一、洛科书院积极探索职教特色　/159

二、洛科书院八大核心素养　/175

三、核心素养养成与能力培养　/184

四、书院主题教育育人特色　/194

五、书院特色职教课程建设　/201

参考文献　/221

后　记　/223

第一章

职业教育高质量发展呼唤书院制改革

职业教育深入贯彻落实国家政策文件精神,在完成重点任务、有效提升内涵建设水平、规范招生就业行为、进行产教融合试点、完善终身学习服务体系、推进社区教育等方面取得了卓越成就,开辟了创新发展新局面。

一、职业教育高质量发展形势与政策

职业教育之所以呈现出快速发展的新局面,很大程度得益于国家政策的指向。新形势下新的职业教育任务呈现出新的特点。

(一)我国职业教育高速发展

1. 职业教育改革实现跨越式发展

党的十八大以来,我国职业教育专业更新幅度超过70%,面向战略性新兴产业九大重点领域都设置了对应专业。2023年,全国高职专科增设了生物信息技术、船舶智能焊接技术等24个专业,新一代信息技术、装备制造、新能源等制造业重点领域专业布点增加1207个。[①]

目前,我国职业教育通过深化改革、完善体系,实现了历史跨越。1382个专业和12万多个专业点基本覆盖了国民经济各领域,1500多个职教集团、3万多家企业参与,校企共建实习实训基地24900个,产教融合进一步深化,《中华人民共和国职业教育法》的实施更是让技术技能人才的社会地位和待遇有了法律保障。[②]

2. 职业教育体系在世界上规模最大[③]

截至2022年5月,我国已建成世界上规模最大的职业教育体系,共有职业学校1.12万所,在校生超过2915万人;中高职学校每年培养1000万名左右的高素质技术技能人才,高职院校3年累计扩招413.3万人,1万余所职业学校每年开展各类培训上亿人次。全国职业学校共开设1300余个专业和12余万个专业点,基本覆盖了国民经济各领域,有力支撑我国成为全世界唯一拥有全部工业门类的国家。在现代

[①] 央视网.发展现代职业教育 培养高素质技能人才[EB/OL].(2023-04-29)[2023-10-23]. http://www.moe.gov.cn/jyb_xwfb/xw_zt/moe_357/2023/2023_zt05/zjsy/202305/t20230511_1059237.html

[②] 央视网.发展现代职业教育 培养高素质技能人才[EB/OL].(2023-04-29)[2023-10-23]. http://www.moe.gov.cn/jyb_xwfb/xw_zt/moe_357/2023/2023_zt05/zjsy/202305/t20230511_1059237.html

[③] 丁雅诵.我国建成世界规模最大职业教育体系(新数据 新看点)[N].人民日报,2022-05-29.

制造业、战略性新兴产业和现代服务业等领域,一线新增从业人员70%以上来自职业院校毕业生,为促进经济社会发展和提高国家竞争力提供了优质人力资源支撑。

随着我国教育改革进入新的历史发展阶段,社会对高等教育质量提出了更高的要求,同时,我国高等教育适龄人口在经过高峰期后呈现总数下降趋势,导致了生源的激烈竞争,而生源的竞争在根本上是学校之间培养质量的竞争。因此,高校必须与时俱进,提升办学质量。

(二)国家政策促进职业教育改革

近年来,党和国家对职业教育推进中国式现代化寄予新期待,连续出台了一系列改革政策。笔者对教育部官网上2022年至2023年9月发布的政策、通知等文件进行归类统计,发现涉及职业教育及成人教育类的就有32个,已远远超过其他类型教育的文件数量。如下图所示。

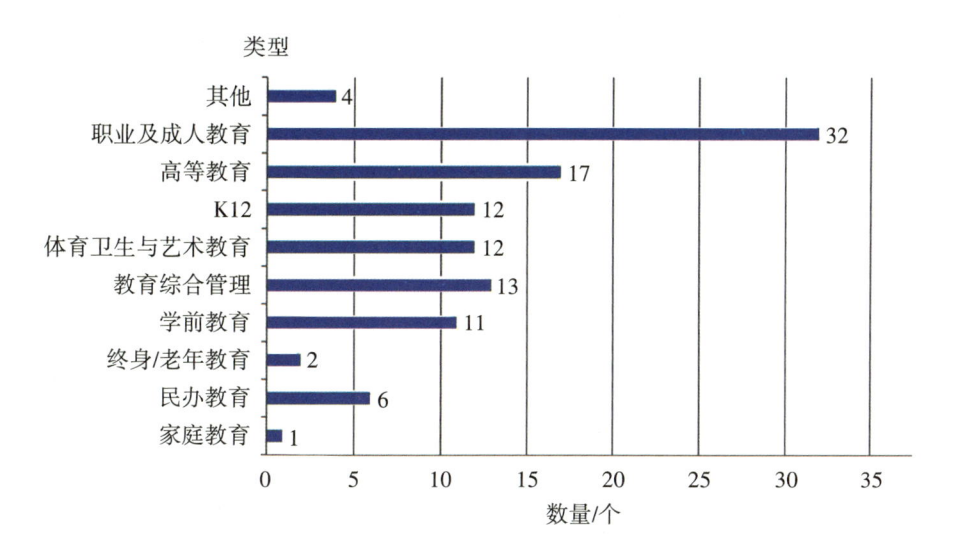

类型	数量/个
其他	4
职业及成人教育	32
高等教育	17
K12	12
体育卫生与艺术教育	12
教育综合管理	13
学前教育	11
终身/老年教育	2
民办教育	6
家庭教育	1

2022年—2023年9月教育部工作文件发布数量

从占比上看(如下图所示),职业及成人教育类占教育部年度总发文量的29%,遥遥领先于其他类型教育。由此可见,国家层面对职业教育的重视与关注也是前所未有的。

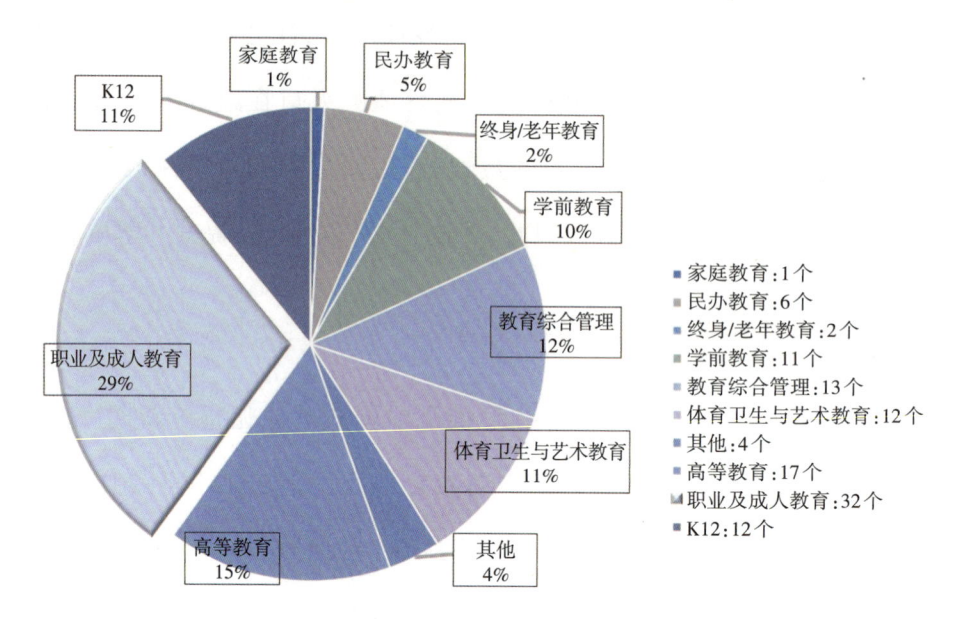

不同教育类型的政策文件占比数据

- 家庭教育:1个
- 民办教育:6个
- 终身/老年教育:2个
- 学前教育:11个
- 教育综合管理:13个
- 体育卫生与艺术教育:12个
- 其他:4个
- 高等教育:17个
- 职业及成人教育:32个
- K12:12个

从统计数据上看,近年国家加大了职业教育改革力度,密集制定、实施了一系列具有针对性的政策。但从历史发展角度来看,职业教育从教育层次定位到教育类型定位,则经历了漫长而曲折的发展过程。

1. 新职教改革明确类型定位

如果从中华人民共和国成立以来的职业教育政策开始梳理,尤其对职业教育关键性定位政策文件进行分析,可以发现,我国职业教育在教育体系中的基本定位大致经历了:普职并举下的模糊定位期(1949—1984年)—层次化凸显的摇摆定位期(1985—2014年)—类型化发展的明确定位期(2015—目前)三个明显的递进阶段。

普职并举下的模糊定位期:职业教育开始零星发展,如《中共中央、国务院关于教育工作的指示》(1958.9)要求"多快好省地发展教育事业",坚持多样性的办学形式,国家将技术学校、专科学校列入学校教育系统,着重发展中等技术教育,培养大量各种各样的初级和中级技术人才等。此时政策重点围绕职业学校建设的基本规范而出台,体现出较强的规范性导向。由此,职业教育得到政策层面的认可,得以实现制度化定位,为其随后的层次化和类型化发展奠定了基础。

层次化凸显的摇摆定位期:与普通教育相比,职业教育被定位成止于职业大专的层次教育,被约束在"兜底"教育层面持续了近30年。在社会传统观念中,职业教育一直扮演着低层次教育角色,从而陷入了持续自我矮化的逻辑怪圈。这一点,从2014年《国务院关于加快发展现代职业教育的决定》强调的"原则上中等职业学校不升格为或并入高等职业院校,专科高等职业院校不升格为或并入本科高等学校,形成定位清晰、科学合理的职业教育层次结构"也可以看出。但该决定也明确提出了"探索发展本科层次职业教育"的途径是"引导一批普通本科高等学校向应用技术类型高等学校转型,重点举办本科职业教育",由普通本科高等学校"转型"为本科职业学校的摇摆定位,仍然没有摆脱"层次化"的格局。

类型化发展的明确定位期:面对职业教育不能完全适应经济社会发展需要、结构不尽合理、质量有待提高、办学条件薄弱、体制机制不完善等状况,2015年,教育部颁布《高等职业教育创新发展行动计划(2015—2018年)》。高职创新发展的六个转变:由政府主导向院校自主转变;发展模式从规模扩张向内涵建设转变;办学状态从相对封闭向全面开放转变;评价体系从硬件指标为主向内涵指标为主转变;教师队伍从注重高学历、高职称向注重双师结构转变;社会服务从以教学培训为主向教学培训与应用研发并重转变。2019年1月24日国务院印发的《国家职业教育改革实施方案》明确提出"职业教育与普通教育是两种不同教育类型,具有同等重要地位"。

类型教育的定位,打破了职业教育在低层次徘徊的困境,权威性政策调整和职教变革,提升了现代职业教育体系在中国式现代化发展进程中的重要作用。

职业教育类型定位的相关政策对职业教育的影响可以概括为四个方面:第一,强化了职业教育战略地位。我国职业教育摆脱了在长期发展中形成的"工具主义"状态,转向追求在新发展格局中的内涵建设,体现了职业教育在全面建设社会主义现代化国家中的重要地位和关键作用。第二,以"类型教育"为逻辑起点,明确了职业教育发展重点,对促进职业教育重点领域的改革,如办学模式创新、人才培养模式创新、教师队伍建设等有重大影响。通过办学格局的优化和学校体系、学历层次体系的完善,切实提高职业教育的质量、增强职业教育的社会适应性。第三,加强了职业教育制度建设,促进了办学体制与机制创新以及招生考试制度改革等,加快职业教育一体化人才培养体系构建,保障毕业生妥善就业与发展等。第四,奠定了职业教育重要性的宣传基础,为促使社会真正认可职业教育与普通教育是并列同重的教育类型创设了良好舆论环境。

从内部层次结构上看,职业教育的"中等—专科—本科—研究生"多层次结构,健全了一体化育人体系,更契合时代发展需求,大大提升了职业教育的质量和吸引力。

2. 新职教改革强调"三全育人"

2017年,中共中央办公厅 国务院办公厅印发《关于深化教育体制机制改革的意见》,提出探索建立书院制、住宿书院制等有利于师生开展交流研讨的学习生活平台。书院制被正式提出并备受关注。

2017年,教育部发布的《高校思想政治工作质量提升工程实施纲要》指出,要健全高校思想政治工作质量评价机制,着力构建一体化育人体系,切实打通"三全育人"最后一公里,强调思政教育要贴近学生的学习生活。

2019年,《国家职业教育改革实施方案》发布,明确提出职业教育的发展路径:由过去的规模扩张向提高质量转变,由参照普通教育办学模式向企业社会参与、专业特色鲜明的类型教育转变,大幅提升新时代职业教育现代化水平,为促进经济社会发展和提高国家竞争力提供优质人才资源支撑。该方案把职业教育摆在教育改革创新和经济社会发展的更加突出位置,强调职业教育不仅承载着优化教育体系结构的功能,还担负着培养大国工匠、能工巧匠的使命担当。"高质量发展"成为高职教育发展的目标方向。

2019年,教育部推进"一站式"学生社区综合管理模式建立工作,依托书院、宿舍等学区,积极探索学生组织形式、管理模式、服务机制改革,打通育人"最后一公里"。

2019年,教育部高等教育司印发的《教育部高等教育司2019年工作要点》第二条"全面实施'六卓越一拔尖'计划2.0"中提出深入探索书院制模式,强化使命驱动,注重大师引领,创新学习方式,注重环境浸润熏陶，促进拔尖学生脱颖而出。

2019年，教育部召开"一站式"学生社区综合管理模式建设试点工作启动部署会，要求探索开展学生社区"网格化"管理，通过"一站式"综合管理模式建设试点，推动学生社区教育培养模式、管理服务体制、协同育人体系、支撑保障体系改革，践行"一线规则"，把校园领导力量、管理力量、思政力量、服务力量压到学生中间，打造富有中国特色、体现思政要求、贴近学生实际的生活园区，推动形成全员全过程全方位育人格局。

2020年，《教育部高等教育司2020年工作要点》印发，其中第八条"深入实施'基础学科拔尖学生培养计划2.0'"中提出："推动多样化探索，支持高校开展'三制'（书院制、学分制、导师制）拔尖人才培养模式改革。"

2020年，《教育部等八部门关于加快构建高校思想政治工作体系的意见》发布，提出"推动'一站式'学生社区建设。依托书院、宿舍等学生生活园区，探索学生组织形式、管理模式、服务机制改革"，"将园区打造成为集学生思想教育、师生交流、文化活动、生活服务于一体的教育生活园地"。

2020年，教育部等九部门印发《职业教育提质培优行动计划（2020—2023年）》，从"双高计划"等系列重大举措，从立德树人、"三教"改革、国际化视野等维度，明确了新时代高职教育高质量发展的实践方略，而"提质培优、增值赋能、以质图强"将是贯穿高职教育高质量发展全过程的指导思想。

2021年3月6日，习近平在看望参加全国政协十三届四次会议的医药卫生界、教育界委员时强调:"教育是国之大计、党之大计。要从党和国家事业发展全局的高度,坚守为党育人、为国育才,把立德树人融入思想道德教育、文化知识教育、社会实践教育各环节,贯穿基础教育、职业教育、高等教育各领域,体现到学科体系、教学体系、教材体系、管理体系建设各方面,培根铸魂、启智润心。"

2021年,习近平对职业教育工作作出重要指示,强调"在全面建设社会主义现代化国家新征程中,职业教育前途广阔、大有可为。要坚持党的领导,坚持正确办学方向,坚持立德树人,优化职业教育类型定位,深化产教融合、校企合作,深入推进育人方式、办学模式、管理体制、保障机制改革,稳步发展职业本科教育,建设一批高水平职业院校和专业,推动职普融通,增强职业教育适应性,加快构建现代职业教育体系,培养更多高素质技术技能人才、能工巧匠、大国工匠。各级党委和政府要加大制度创新、政策供给、投入力度,弘扬工匠精神,提高技术技能人才社会地位,为全面建设社会主义现代化国家、实现中华民族伟大复兴的中国梦提供有力人才和技能支撑。"[1]职业教育是培养技术技能人才、促进就业创业创新、推动中国制造和服务上水平的重要基础。

2022年,《教育部办公厅 文化和旅游部办公厅关于开展职业院校"技能传承中华优秀传统文化"展示活动的通知》(教职成厅函〔2022〕16号)强调,"把中华优秀传统文化教育融入职业教育全过程,推动中华优秀传统文化教育传承与创新发展"。

2023年,《教育部办公厅关于开展2023年职业院校"技能成才 强国有我"系列教育活动的通知》(教职成厅函〔2023〕14号)发布,提出

---

[1] 新华社.习近平对职业教育工作作出重要指示[EB/OL].(2021-04-13)[2023-10-23] http://www.xinhuanet.com/politics/leaders/2021-04-13/c_1127324347.htm

2023年要"以'技能成才 强国有我'为主题,推进活动育人常态化规范化系统化,将活动开展与课程教学、学生管理、职业指导、创建文明校园相结合",做到教育活动"年年有计划、月月有主题"。

2023年,《教育部办公厅关于加快推进现代职业教育体系建设改革重点任务的通知》(教职成厅函〔2023〕20号)发布,明确了十一项重点任务,以此"加快构建央地互动、区域联动、政行企校协同的职业教育高质量发展新机制,有序有效推进现代职业教育体系建设改革"。

从上面列举的自2017年以来发布的重要教育政策来看,它们均强调了两个关键性问题:一是职业教育作为类型教育如何高质量发展和如何构建现代职业教育体系;二是均涉及"三全"教育、"一站式"服务,还有目前探索正酣的"书院制"改革,这是作为大学教育定位方向的核心素养培养要如何内嵌于教育体系建设的方法论问题。

教育高质量发展与培养什么样的人才,是兼容并包的教育体系建设必须面对的问题。

(三)职业教育改革聚焦高素质人才培养

近年来,国家出台多项政策指导和支持职业教育高质量发展,使职业教育得到社会的广泛关注,也为职业教育提供了发展机遇。2022年5月24日教育部新闻发布会介绍,十年来,我国职业教育牢牢抓住大改革大发展的历史机遇期,不断打开视野、提高站位,统筹把握规模与内涵两个维度,相继迈上了三个相互衔接、层层递进的大台阶,取得了显著成就。

1. 由赋能型到技能型三阶递进

一是立足自身,审视职业教育并加快建设现代职业教育体系,明确将"提质培优,增值赋能"作为职业教育优质发展的核心任务。二是立足整个教育体系,审视职业教育并确立类型教育定位,明确了职业教育与普通教育是两种不同教育类型,具有同等重要地位。三是立足经济社会发展,审视职业教育并创造性地提出建设技能型社会的战略任务,推动职业教育走向高质量发展的新阶段。

2. 由谋业到人本的八大变化

职业教育经过连续十年强基固根、扶弱补短的递进发展,不仅奠定了良好的发展基础,也为建成对经济社会和个体发展具有特定功能的类型教育积累了丰富经验。总体而言,职业教育发生了八大方面的重要变化。

一是服务社会功能增强。职业教育主动服务经济社会发展,面向市场、服务产业的基本功能更强了。比如两次调整专业目录,在制造业人才发展规划和服务方面突出"全""新""特"等。

二是产教融合办学路子更宽广。职业教育展现了产教融合、校企合作的最大优势,"现代学徒制""产教融合型城市"等办学试点工作有序开展,政府、行业、企业参与的共建共管新格局更加完善。

三是职普融通更顺畅。职业教育与普通教育渗透互通,拓宽了学生成长渠道,教育高质量发展体系更公平、质量更高。"文化素质+职业技能"招考办法更完善,"职教高考"制度给学生升学提供了更多机会。

四是有效贯通并形成"中等职业教育—专科职业教育—本科职业"一体化的职业教育体系。中等职业教育的基础地位进一步巩固,专科职业教育的主体地位不断强化,本科职业教育发展前景良好。各层次职业教育培养目标明确、重点各异,各自发挥优势,共同助力学生成长成才，实现"立德树人"根本任务。

五是职业学校教育和职业培训并重。学历教育与职业培训是现代职业教育体系的两个重要职责。十年来，在政策的引导下，职业教育积极作为，学历教育招生规模不断扩大、"1+X"证书制度试点工作有序推进、职业培训人次逐年增加，职业教育的责任担当更大，社会贡献明显。

六是办学形式灵活，促进形成全民终身学习风尚。倡导人人终身教育，为人人成才创造条件。尤其是2022年3月"国家职业教育智慧教育平台"正式上线后，覆盖了396个高职专业、660余个专业教学资源库、1000余门在线精品课和2000余门视频公开课，为全民学习提供了丰富的数字资源。还有社区教育、老年教育实验区的大力推广，为提升国民继续教育年限和素质提供了有利条件。

七是职业教育走出国门开放办学。坚持中国特色职业教育发展道路，融通中外，服务"一带一路"倡议，逐步建立稳定友好的多元协同培养模式和管理模式。截至2022年已在海外19个国家建立了20个"鲁班工坊"，在国外设有40多个"中文+职业教育"特色项目，为全球学员提供职业教育机会。

八是注重高素质技术技能型人才的培养。党的二十大报告指出，"教育、科技、人才是全面建设社会主义现代化国家的基础性、战略性支撑。必须坚持科技是第一生产力、人才是第一资源、创新是第一动力"。教育、科技、人才，三位一体，协同发展，共同推进职业教育高质量发展，以职业能力和职业素养为导向培养高素质技术技能型人才,注重人的全面发展。

国家不同时期的职业教育政策,为我国职业教育的创新发展提供了根本遵循和源源不断的发展动力,高质量发展职业教育已成为时代的必然要求。各级政府也从制度创新、政策支持、投资力度、法治建设、舆论宣传等方面综合发力,紧抓机遇,强化责任担当,肩负时代使命,促进职业教育更好发展。

随着职业教育类型定位的明确,针对职业教育的传统观念壁垒将逐步被打破,职业教育将走上高质量发展的快车道。

(四)职业教育改革呼唤人才培养模式创新

职业教育肩负着培养多样化人才的职能,无论在发展理念方面,还是人才培养模式方面都有新的时代要求。

1. 现代职业教育发展理念新要求

新时代职业教育发展理念的新要求包括:第一,地位同等。职业教育是培养多样化人才、传承和创新技术技能、促进就业创业的重要途径,为产业发展提供有专业实践能力、素质高的技术技能人才。第二,认可度提高。随着经济结构、社会需要的变化,人们对教育的认识从重视学历转向重视技能和综合素质,而职业教育在技能型人才培养方面具有优势,人们对职业教育的认可度普遍提升。第三,升学与就业渠道畅通。从中职层次教育、高职层次教育到职教本科层次教育、职教研究生教育,职业教育学历层次贯通,学生升学机会增多。事业单位公开招聘时有职业技能等级要求的岗位,适当降低学历要求,也更有利于职业教育学生就业。第四,企业资金参与办学。国家政策引导和鼓励企业资金参与办学,企业可以作为重要办学主体深度参与职业教育人才培养,促进职业教育高质量发展。

2. 现代职业教育人才培养模式新要求

当前,职业教育的人才培养模式已由层次教育转向类型教育,其关键词是"转型"。"转型"则必须重视三大核心要求,即跨界、整合、重构。

第一是跨界:要求职业教育由原来学校一元主体办学转向学校与企业等双元或多元联合办学。多元跨界人才培养格局,要求突破学校与企业割裂、学习与工作分离、教育与职业脱节这三大桎梏,使职业教育人才培养的参照系覆盖学校与企业两个场域,实现专业与产业、课程与职业、教学与生产"三对接"。具体措施有:实施现代企业新型学徒制,创建技能大师工作室,开展大国工匠、劳动模范进校园活动,进行劳动教育和技术研发等。

第二是整合:职业教育要生存发展不能只关注教育,还要兼顾经济社会发展对人才的要求,即将产业需求与人才培育结合起来。职业教育既要遵循产业链与教育链、创新链与人才链的衔接规律,又要将就业需求与教育供给、个体职业生涯规划进行统筹,兼顾经济发展需求与个体发展需求,让培养的学生更好地融入社会,发挥个体天赋。

第三是重构:由原来的单维思维转向辩证的多维思维,即从原来只关注学科知识的升学教育,转向知识、技能、行为能力等多维度素养并重的综合教育,重构为共性与个性并蓄的"1+X证书"模式。

总之,如何培养真正适合时代发展需求的职业技能型人才是时代给予职业教育新的课题。

二、职业院校人才培养现状与问题

高职教育进入提质培优、增值赋能的新阶段,高职院校面临着如何彰显中国职教特色、体现区域行业特色、呈现院校办学特色,从而体现自身差异化办学优势,以适应高质量发展的新要求等问题。但职业教育要实现更好发展,须直面目前存在的诸多新困境。

(一)人才培养适配性不足

我国教育事业取得了令世界瞩目的成就,尤其是自1999年高校扩招之后,高等教育招生规模逐年扩大,经过多年发展,高等教育已由精英化转入大众化阶段。但受全球经济增速放缓、消费结构升级、就业创业环境变化等影响,加上我国高等院校毕业生人数众多,大学生就业市场供需出现了不平衡现象,衍生出大学生就业难等问题。

1. 就业市场需求趋弱与毕业生人数激增之间的矛盾

随着现代科技的飞速发展,人才需求适配度要求越来越高,用人单位越来越青睐高学历的岗位技能型人才。接受高等教育并获得心仪的工作,是目前青年学生生存发展以及为社会做贡献的基本途径。高校扩招让更多学生有机会接受高等教育。

根据教育部官方网站公布的数据,高校毕业生2004年为280万人,到2022年达1076万人,再到2023年已达到1158万人。20年间高校毕业生人数攀升情况如下图所示。

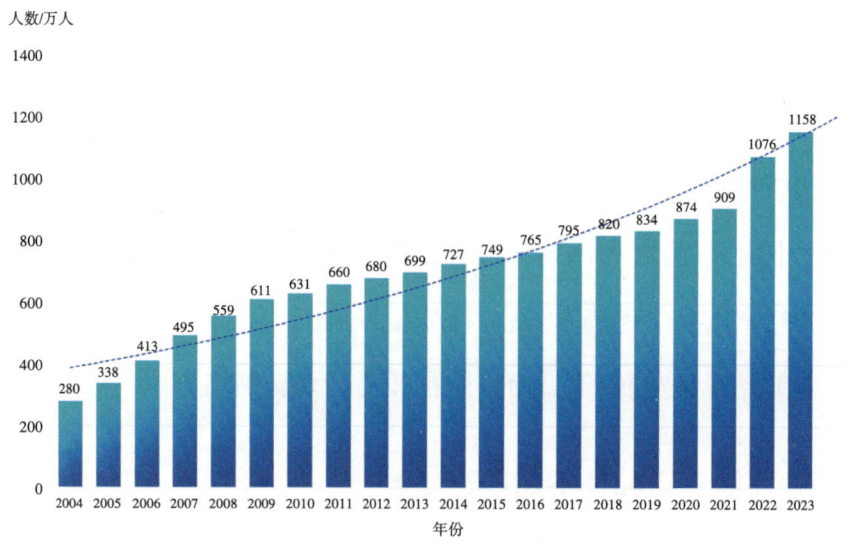

2004—2023年全国普通高校毕业人数

从上图可见，20年间高校毕业生人数总体呈攀升趋势，2023年比2004年增加了878万人。就业市场竞争激烈，形势严峻复杂，部分毕业生在毕业当年因难以找到心仪的工作而选择"待业"，从而加入到下一年度的求职人群中，导致每年的择业人数比实际的应届毕业生人数多，且呈逐年叠加趋势。

近年来，世界经济发展速度放缓，我国经济增速也呈下行趋势。在这种背景下，多数企业招聘职位缩减。人社部劳科院调查数据显示，2021年第四季度有三分之一中小微企业存在减员情况，有47.6%的企业在2021年度没有招工；2022年第一季度有校招意愿的企业比例仅为8.2%，比上季度下降1.6个百分点。[1]而在有限的就业市场容量下，企业需要的中坚力量，要么是熟练的高技能人才，要么是有经验的管理人才。而刚刚毕业的大学生，因经验、技能原因明显不能承担

[1]中国劳动和社会保障科学研究院.多渠道促进高校毕业生就业[N].经济日报，2022-03-23.

这个"中坚"角色,这也是导致大学生就业难的一个因素。

2. 毕业生择业偏好与就业岗位需求不匹配

尽管用人单位的用工需求减少,供需失衡现象严重,但部分毕业生对外部就业环境认识不足和对自身能力素质定位不甚清晰,存在就业期望值过高的情况。大学毕业生的职业诉求有两种明显倾向:

一是高薪稳定意向。2023年数据显示,毕业生求职时首要关注点为薪酬福利者占比为69.3%,关注稳定性者占比为40.7%,排名第二,较上年上升4.5个百分点,连续三年呈上升态势。[1]大学生在制订职业规划时表现出明显的求稳心态,29.3%想进入体制(公务员、事业单位、军队文职等),在读研究生中,54.5%受访者的职业规划是进入体制。从大学生的就业雇主类型意向上看,有62.3%选择央企国企类型,51.9%倾向到政府机关或事业单位任职,也印证了大学生群体择业"求稳"的心态。[2]

二是灵活就业意向。全国高等学校学生信息咨询与就业指导中心数据显示,2020届全国高校毕业生灵活就业占比为16.9%,2021届的占比为16.3%。首都经济贸易大学冯喜良教授课题组对北京15所高校35788名毕业生进行了调查,结果显示2021年专科生的灵活就业比例为25.8%,高于本科生(12.3%)和研究生(10.7%)。专科生灵活就

---

[1] 红星新闻.《2023大学生就业力调研报告》出炉:国企仍是毕业生首选,自由职业热度下降[EB/OL].(2023-05-09)[2023-10-23].https://baijiahao.baidu.com/s?id=1765423063483372868&wfr=spider&for=pc

[2] 界面新闻.近九成受访大学生接受灵活就业,研究生更向往体制内工作[EB/OL].(2021-11-19)[2023-10-23].https://baijiahao.baidu.com/s?id=1747103507676558759&wfr=spider&for=pc

业意向更强。①

综上,高校毕业生的就业期望值偏高、偏向选择稳定工作是导致就业市场出现"就业难"和"招聘难"的两难现象的因素之一。

3. 毕业生就业焦虑引发系列心理问题

就业压力大是导致部分大学生出现焦虑、抑郁等负性情绪的首要因素,已成为当代大学毕业生较大的心理压力来源。

研究显示,当代大学生18.5%有抑郁倾向,4.2%属于抑郁高风险人群,8.4%有焦虑倾向。②《中国国民心理健康发展报告(2021—2022)》显示,超80%的成年人自评心理健康状况良好,抑郁风险检出率约为10.06%。《2022年青少年心理健康状况调查报告》对全国范围内超过3万名青少年的调查数据进行了分析。结果发现,参加调查的青少年中有14.8%存在不同程度的抑郁风险,其中,有4.0%的抑郁得分较高,属于重度抑郁风险群体,有10.8%的为轻度抑郁风险群体,需进行有效干预和及时调整。③大学时期,也正是容易出现心理问题的年龄段,大学生心理健康不容忽视。

4. 企业招聘更青睐内外兼修有素养有能力者

激烈的企业竞争归根到底是人才的竞争。与单纯的高学历相比,企业更喜欢有知识、有技能、有创新精神、有团队协作精神等的高

---

① 中国青年网.关注灵活就业大学生群体[EB/OL].(2021-10-18)[2023-10-23].https://baijiahao.baidu.com/s?id=1713902111190752327&wfr=spider&for=pc
② 王清,王平,徐爱兵.大学生心理健康教育[M].苏州:苏州大学出版社,2022:10.
③ 大视野融媒网.2022中国国民心理健康报告:青少年抑郁风险高于成年[EB/OL].(2023-02-25)[2023-10-23].https://www.dsynews.com.cn/wenhua/2023/02/25/7079.shtml

素质人才。高素质人才始终都是企业竞争的核心力量。

首先,知识型和创新型人才在就业市场很受欢迎。前程无忧发布的"2022中国大学生喜爱雇主"显示,157家2022大学生喜爱雇主提供给应届毕业生最多的前三类岗位分别是数据算法类(60.5%)、销售类(45.2%)和研发类(44.6%),显示出企业对年轻知识型和创新型人才的旺盛需求。[1]

其二,沟通能力和解决问题能力是企业最看重的素质。从企业对应届毕业生的能力要求来看,企业普遍更加看重应届毕业生的沟通能力和有效解决问题的能力。人与人之间的沟通会直接影响工作效率。大学毕业生在工作中要边学边做,现学现用,在实践中提升解决实际问题的能力。

其三,企业重视招聘人才的综合管理素质。中国财富传媒集团调查数据显示,当前多数企业招聘相对保守。其中,78.64%的企业招聘量与上年持平;13.95%的企业将会增加招聘量。企业招聘结构也有相应调整。"以芯片公司为例,往年达到三分之一的校招需求开始减少,而可作管理岗、能带项目带团队的资深经验型人才,其需求呈增长趋势。"另外,除了人才画像的匹配外,人才成本合理、扎实做事不浮躁等也成了企业人才策略的考量重点。这和企业本身的发展策略也有关,能够看出大家开始注意内外兼修,招聘策略上更重视"里子"了。[2]

---

[1] 中国青年网.用包容迎接Z世代,157家企业当选前程无忧2022中国大学生喜爱雇主[EB/OL].(2022-08-18)[2023-10-23]. https://baijiahao.baidu.com/s?id=1741464946750822199&wfr=spider&for=pc

[2] 中国财富网.2023年,企业招聘新趋势、新策略解读[EB/OL].(2023-02-20)[2023-10-23]. https://baijiahao.baidu.com/s?id=1758338976553563856&wfr=spider&for=pc

(二)培养模式问题突出

中国正面临着从制造大国向制造强国的转型,毫无疑问,社会急需一批高素质技能型人才,而作为培养技能型人才的高职院校,改革培养模式将有助于社会所需人才的培养。近几年职业教育规模快速扩大,但是教育质量一直不高,许多家长觉得让孩子进职业学校学习是无奈之举,认为学校教学质量不理想。目前我国职业教育人才培养模式中确实存在诸多不可忽视的问题。

1. 职教特色不足

根据学者吴欣刚的调研数据,被调研的高校均存在毕业生首次就业两个月内离职率偏高现象,其中本科院校毕业生离职率约占年度毕业生总数的1%,高职院校毕业生离职率超过15%。解约毕业生表示前期缺少对企业的全面了解,在校期间缺乏足够的职业生涯规划学习指导。[①]同时也透露出学校推进校企产教融合,行业企业深度参与职教育人、协同创新的体制不健全,产业需求没能更好地融入人才培养全过程。高校的专业设置与社会需求脱节,适应区域经济发展和产业结构调整能力差,导致毕业生难以满足区域产业的需要。

在国务院教育行政主管部门的指导下,目前职业教育正朝着"以就业为导向、以服务为宗旨"的办学方向努力向前。然而,坚持走类型发展的特色之路并非一帆风顺。职业教育类学校大多办学时间不长、教师转型不快,加之受职教理论缺乏等影响,绝大多数高职院校的职业教育类型特征尚不突出,办学定位也不甚明确。实际上,许多高职

---

① 吴欣刚.高校毕业生面临的就业困境及改善对策——以青岛高校为例[J].黑龙江科学,2023(3).

院校的专业设置并不完备,绝大多数仍然沿用或参照了普通本科院校的专业学科设置,大部分专业课程及教材是普通本科的缩减版,而真正从企业技术岗位来学校任课的专业教师少之又少,大师工作室的工匠艺人更是凤毛麟角。

当然,双师型教师从数量上看并不少,但其中很大部分仅是通过考试获得了"双证书",并没有企业岗位实践经验和专业实践能力,自然不太具备岗位应用技术的研发能力,也很难有经验、有实效地指导学生增长技术技能,也不能很好地为区域内行业企业提供服务。所以,区域内行业企业因学校毕业生不能满足岗位需求,而降低了参与职业教育教学的积极性。因此,学校与地方企业合作开展产教融合、工学结合等系列职业特色教育活动进展缓慢,而一些表面上虽签订了意向合同,但合作建设专业、合作开发课程资源等合作育人的举措多停留在文字的报道和宣传的层面。由于职业教育与企业的合作深度不够,高职院校培养出来的学生缺乏职业类型特色,没有十分明显的"不可替代性"。

另外,作为真正培养高水平职业技术型应用型人才的高职院校,配合专业学习的实验实训设施、设备也必须有保障,以确保专业课程实训任务的圆满完成。但是,实践中,高职院校实验教学一般附属于理论教学,是理论教学的验证阶段。原因是实验室设备资源普遍匮乏,无法满足学生开展实验活动的要求。或实验室因被分割管理而利用率低下,或实验室规模小、功能单一,无法通过大量的紧密结合工作岗位的实践操作教学环节,培养学生的专业技能。加之实验室建设资金往往投入不足,实验课开设率在教学中占比不足;或实验室工作人员为教学辅助人员，缺乏企业实践经验，整体实验教学水平较低，不能有效指导学生，导致毕业生与社会需求无法"适应对口"，不能真正向社会输送技术精湛的职业技术技能人才。

2. 育人能力不强

师资队伍实践技能薄弱是育人能力不强的原因之一。人才市场对高职院校毕业生提出了贴合职业岗位技术水平的更高要求，高职院校为强化教育职责，提高教育竞争力，必须以人才市场需求为导向，坚持职业技能型办学方向并突出"职业性"办学特色。

提升职业教育质量最关键的要素是要拥有一批具备实践操作能力且有较高理论水平的"双师型"师资队伍。

2020年，教育部等九个部门印发的《职业教育提质培优行动计划（2020—2023年）》提出"到2023年，专业教师中'双师型'教师占比超过50%"。因此，高职院校应重视职业教育特征，适时引进企业岗位技能型工程师讲授课程，与企业合作培养高水平技能型人才。但是，就目前职业教育情况来看，高职院校普遍缺乏与企业的有效合作，而大部分"双师型"教师是由考证获取资格的，并非真正具有企业技能性工作经验，因此，缺乏同时具备理论教学水平和企业岗位经验或具备专业实践操作能力的"双师型"教师。所以，教师的育人能力不强，高职院校师资队伍很难满足培养职业岗位所需人才的需求。

就业指导工作不精细是教师育人能力不强的另一个表现。在就业指导模式上学校采用的是粗泛单一的浅层次指导，没有进行精细化指导。首先，学校对就业市场没有系统、持续关注，没有深入调研分析用人单位的用工需求,不能有效避免结构性失业。其次,学校对毕业生的就业趋向、实际需求和兴趣等并没有进行跟踪、评估、分析与指导,也没有把就业工作作为学校教育的重点环节定期进行就业报告和总结,用数据来指导教学。最后,对就业服务理念不够重视且观念相对滞后。服务体系不够健全,片面追求就业率一类的统计数据,或单纯将就业率当作上级布置的任务来完成,对毕业生是否真正就业缺乏实际跟踪调查,更忽视了对学生就业心理问题的辅导和对学生长期的成长进行关注。就业服务没有做到因材施教,没有按学生实际情况教学与辅导。

3."三全"教育弱化

在传统的教育观念里,普遍存在"重普教轻职教""重学轻术""重知识轻道德""重技能轻素养"等现象,这是导致职业教育社会影响力不足、职教学生就业率低的重要原因。

研究发现,很多高职院校注重培养学生的动手能力、实践技能,注重职业技能的培育,但对思政教育不够重视。当然思政教育模式呆板、成效评价体系滞后等也是导致教学成效不明显的原因。专业课程的教学过程没有主动承担起立德树人的根本任务,学生忽视思政理论的学习,对党情、国情认识不足,道德意识淡薄,心理问题日益突出。

受传统习惯影响,教学过程中教师以理论讲授为主,课堂上缺乏师生互动,学生学习热情不够、内驱力不足。全员育人体系不健全,全体教职员工主动承担学生思政教育工作的意识不强,全方位育人路径不通畅,"第一课堂"和"第二课堂"的协调性、互补性不足,协同育人作用不突出。综上,思政教育长期被弱化、全员育人体系不健全、全程育人路径不清晰、全方位育人专业融合度不高和传统教学管理模式不合理等是导致"三全育人"工作成效欠佳,人才培养质量不尽如人意的主要原因。

三、书院制改革顺应高职发展新需求

随着教育政策的调整,高职教育已成为我国实现高等教育大众化的主力军,高职教育发展成果显著,但同时人才培养质量难以适应经济社会发展需求的深层矛盾也日益凸显。就目前的实际情况来看,要解决高职教育发展中的突出问题,最有效的改革途径是实施现代书院制管理模式。

书院制建设是高校学生管理模式的崭新尝试,是职业教育提质培优、攻坚克难、高质量发展的有效探索,得到了国家政策层面的大力支持。《教育部高等教育司2020年工作要点》提出:"推动多样化探索,支持高校开展'三制'(书院制、学分制、导师制)拔尖人才培养模式改革。""书院制"就是学校围绕立德树人根本任务,对大学生实施导师制教学,在教学过程中将素质教育(通识教育)与专业教育相结合,鼓励不同专业背景的学生混合住宿、互相学习交流,让学生参与多元化的学术活动、文化活动,实现"全人"教育,力图达到均衡教育目的的一种管理模式。

(一)通过书院制改革实现德技并修

高等职业教育是典型的跨界教育,办学主体要积极为适应"百年未有之大变局"进行突破性改革,把人才培养作为改革的重点和难点,走以质量求生存,培养具有国际视野、创新思维、跨学科背景的通识人才的发展之路。

1. 在育人实践中,做到理实一体

一方面以学院为主体,进行专业教育和通识教育,以"第一课堂"为育人载体,通过实施各学院不同专业的人才培养方案达到育人目的;另一方面以书院为单位,即以学生的居住宿舍楼(公寓)为中心,构建师生共享生活社区,根据学生身心发展规律,"以学生为中心"开展团学活动、文体活动等形式多样的"第二课堂"活动,以知促行、以行践学,让学生获得更广阔的成长空间,实现更全面的发展。

2. 在人才培养中,做到德技并修

产教深度融合、校企协同育人,做到专业上工学结合、课程里知行合一。为保证学生专业课程的学习效果,书院导师以书院主题活动为引领,打造"师生研习共同体",开设"一站式"学生社区,进行综合管理,运用双院交叉融通的创新育人模式,进行学院和书院协同育人,将职业精神融入人才培养的全过程,既重视对技能技术的培养,也重视对道德品行的规范。

说到底,高职院校加快转型的关键是深化内涵建设,优化专业结构,切实增强职业教育的适应性,凸显办学特色,以此提升毕业生运用技术服务社会的能力,为毕业生成为高素质技术技能人才奠定基础。

(二)通过书院制改革提升育人能力

1. 凸显核心素养教育,适应社会发展趋势

中共中央 国务院印发的《深化新时代教育评价改革总体方案》指出,要树立科学成才观念,完善德育评价体系,切实引导学生坚定理想信念、厚植爱国主义情怀、加强品德修养、增长知识见识、培养奋斗精神、增强综合素质。说到底,能否促进高校教育内涵式发展,主要看是否能够真正提高以师生素养为核心的教育质量,以此实现教育规模的扩大和教育事业的发展。

书院制改革是以言传身教的导师制为基础,将混合居住、通识教育、环境育人、核心素养提升和学院与书院协同创新育人结合起来,凝聚和吸引师生追求健全人格、实现自觉学习的探索过程,是回归教育本质的育人新模式和新机制。书院制改革通过五级育人导师制度建设、书院通识教育课程开设、课余的"第二课堂"活动开展、公寓公共空间的文化氛围营造等,为学生的学习和生活、人际交流等创造良好环境,加强对学生的人文关怀,提升学生的社会交往能力、创新创业能力,帮助学生全面成长。

2. 培养学生职业意识,转变学生就业理念

尽管国家高度重视职业教育改革,陆续实施了国家示范性高等职业院校建设计划,以及职业教育提质培优行动计划等来引导与支持职业教育发展。但当前职业教育体系结构尚不完善,培养的人才不能很好地满足社会经济发展的需要,职业教育类型特征不够明显。书院制改革可以充分调动校内、校外力量,尤其可以充分发掘校内现有办学资源,利用校舍等硬件设备,以及师资力量、管理和教育理念等,增强教育的"职业"特色,体现学校的特色、风格和品位,实现教育规模的扩大和事业的发展。

针对学生缺乏正确就业择业观的问题,书院制改革可创新教育形式,在专业知识学习或课余娱乐活动中将"职业意识"进行融合,引导学生明确就业目标,找准自我定位。通过校企合作、社团活动或社会实践活动,给在校学生提供更多接触职业、接触社会的机会,鼓励学生结合自己所学专业、兴趣爱好,早日明确就业目标,提前训练适应未来职业岗位的能力,拓宽视野,增加择业机会。同时,也要引导学生,让他们明白找工作不能好高骛远,不能为追求薪资频繁跳槽,要学会培养对职业的认同感,做到干一行精一行爱一行,积累工作经验,发挥自己特长。

(三)通过书院制改革强化"三全育人"

1. 革新育人理念,创新育人机制

人才培养是高校最核心的基础功能,要培养好人才,夯实综合素质是最关键、最重要的一步。为此,高等教育学校首先要更新育人理念,集中才智调动各种力量,采取多种措施,打破传统教育教学的陈旧思维,创新"三全育人"工作机制,增强全校上下齐参与的育人意识,从而打造全员多方位多层次共同育人新体系。

书院制建设是高校学生管理模式的崭新尝试,是职业教育提质培优、改革攻坚、高质量发展的有效探索,得到了国家政策层面的大力支持。书院制的工作机制是适应市场多元需求的,在育人方面,联合

学校、学院与公寓,以及联合家庭和社会的育人力量,建立导师制,构建多元一体的育人环境。即把学校辅导员、班主任、行政管理人员、宿舍与后勤人员、企业和行业人员等全部联合起来,开展全员、全方位和全过程教育与引导工作,进行思想道德、专业知识和技能、心理健康、创新创业能力等多维度教育,提高学生综合素养。

2. 整合多方教育资源,形成协同育人格局

书院"三全育人"的基本理念就是动员所有力量,把立德树人作为教育的根本任务,培养高素质综合型人才。

首先,要遵循大学生身心发展规律,将学生健康教育作为书院核心素养教育的重要一项,针对与学生切身利益相关的生活能力、人际关系和价值取向等,结合学生的实际情况,用学生乐于接受的形式,对不同性格的学生,分别开展教育活动,挖掘学生潜能,释放学生天性。

其次,要充实大学生在校学习和参加社会活动的内容,利用一切机会,通过多种形式将思政教育与专业教学结合起来,把"教书"和"育人"结合起来,在提升学生思想觉悟的同时,提升其综合素养。

最后,要紧密结合社会实践,关注社会发展,让学生坚定文化自信,热爱国家和民族,提升民族认同感,自觉维护社会和平发展,为社会发展做出贡献。

第二章
洛科职教书院制改革动因

一、学校高质量发展的需要

（一）"十四五"期间学校"建双升本"发展需求

1. "十四五"期间省域高职院校竞争空前激烈

根据《2021年河南省国民经济和社会发展统计公报》的统计数据，截至2021年底，河南省常住人口达到9883万人。作为人口大省，河南省的区位发展战略离不开能与之相匹配的人才支撑。虽然河南省总人口较多，但高校数量相对不足，且高等教育资源相对稀缺，校际竞争空前激烈。

从高职院校内涵建设要求来看，河南省知名的特色职业院校很少，在办学特色、产教融合、师资队伍等方面还存在不少短板，社会认可度不高,同经济发达地区及周边职业教育强省相比差距明显,在全国职业院校十强排行榜中,河南省的院校未曾上榜。职业大学省内仅有一所,国家"双高计划"院校共有六所,而高水平学校仅有一所。总体而言,河南省高职院校培养适应社会迭代更新需求人才的速度相对滞后,且质量不高。一方面是由于省内高等职业教育资源有限以及地处内陆,教育教学改革相对保守;另一方面是由于长期的办学惯性,未将高等职业教育置于社会系统的重要位置,职业教育也未能全面考虑、全方位协调并主动适应区域产业体系,与之协同发展。

从省内高职院校间的竞争来看,学生和家长在择校时,会更看重高职院校的排名、品牌、知名度、师资和专业设置以及就业等方面的信息。用人单位对学校人才培养的满意度和认可度主要体现在毕业生的职业技能和职业素养上。总体而言,省内众多高职院校之间的总体实力竞争、生源抢夺及毕业生就业竞争日趋激烈,呈现"千帆竞发,百舸争流"的态势。同时,优质的公办高职院校也得到了政府更大力度的政策和资金等支持。职业学校的发展呈现出优质高职院校社会认可度不断提升,资质一般的高职院校招生环境和生存处境更加艰难的态势。

2. 区域现代产业体系升级对高素质技术技能人才的需求

从我国的产业发展角度分析,我国大学现阶段人才供给不能适应国家产业不断升级发展的需求。在人才培养端,普通大学培养的各类人才在就业阶段出现学非所用的现象。同时,在人才需求端,新技术、新业态等企业用工缺口较大,高素质高技能人才严重缺乏,这对国家的长远发展造成了很大的阻碍。近年来,尤其是在产业升级的大背景下,各行各业对高素质技术技能人才的需求日益紧迫。但与之相对应的,我国职业教育体系、人才培养模式还有待完善,教育质量还有待提高,人才素质与行业产业发展需求存在不小的差距。因此,国家陆续出台政策持续大力推进高等职业教育发展。

从区域产业需求角度来看,"十四五"时期是河南省转变经济增长方式、优化经济结构、增强经济发展动力的攻坚期,更加迫切需要职业教育提供更好的人才支撑。要变"人口红利"为"人才红利",就需要切实加快提升高等职业教育综合实力,为经济发展、产业提质升级、供给侧结构性改革和技术应用创新提供强力人才支撑。按照河南省"十四五"规划的要求,"十四五"时期全省要构筑"556"产业体系,形成数个万亿级产业集群,需要新培养75万以上的高技能人才和一批"中原大工匠"。洛阳作为中原城市群的副中心城市,在"十四五"期间将承担中部崛起、现代化都市圈建设等高质量发展的重大任务。同时,洛阳市"十四五"发展规划要求加快构建"755"现代产业体系。中原崛起、洛阳市产业快速转型均扩大了对高素质技术技能型人才的需求,同时,对高等职业院校人才培养、专业设置等都提出了更高要求。学校必须抓住转型机遇,紧紧把握区域经济发展需求和产业体系导向,及时调整人才培养方案,优化专业设置和加强专业群建设,以实现高质量发展,助力区域经济和社会发展。

(二)构建青年友好型职业大学的必然选择

1."青年友好型"理念缘起

(1)概念界定

"青年"一词在全世界不同的国家和社会中有不同的含义,"青年"的概念界定也随着世界政治经济和社会文化的变化而发生变化。在1985年联合国首次将青年界定为15至24周岁的人;《中长期青年发展规划(2016—2025年)》中"青年"的年龄范围是14至35周岁。

"友好"是一种良好的关系,是以和谐的态度处理社会活动中人与人、人与事的关系,也是人际交往中一种正向的、积极的状态。它可以是国家之间、民族之间、城市之间的友好关系,也可以是团队之间的正向的、积极的情绪体现。

"青年友好型"强调为年轻人提供更多的发展机会和更好的生活环境。现在出现较多的词有"青年友好型城市""青年友好型社区"等。

(2)研究现状

近年来"青年友好型"一词多出现于各类媒体报道中,以"青年友好型"为关键词,通过检索知网文献发现,"青年友好型"文献研究始于2006年,其中2020年以前每年都在5篇以下。2020年以来研究热度迅速上升,2021年相关研究文献有36篇,2022年相关研究文献有75篇,2023年相关研究文献有77篇。其研究主题主要为友好型、青年友好型社会、青年友好型城市,研究内容偏向于青年友好型城市建设路径考察研究、青年友好型城市发展评价指标体系构建、青年友好型城市建设相关政策洞察及新闻报道等。

对以"青年友好型城市"为关键词的知网文献的检索及分析结果为:文献研究始于2010年,2020年以前每年大都在2篇以下,2020年开始研究热度上升。研究主题主要为建设青年友好型社会、青年友好型城市。文献来源以洛阳日报和中国青年报居多。

以"青年友好型大学""青年友好型职业大学"为关键词检索知网文献,无完全匹配内容。

青年友好型城市非常重视吸引青年人,为青年人提供更多的教育机会、就业机会、创业机会以及建设更多的公共设施等,希望能吸引并留住更多的优秀青年,进而促进城市的发展。

青年友好型城市的特点主要包括以下几个方面:

①给予青年更加多样化的体验,为青年提供更多的更好的发展机会、发展平台等。

②城市更加开放更富有创新能力。

③公共服务能力更强。

④生活更加便捷。

⑤青年人才更加有归属感。

一个国家或者组织强大与否,一定程度上取决于拥有人才的数量及质量。

进入21世纪,我国人口出现老龄化趋势,劳动力人口持续下降,这势必会增加城市劳动力成本,降低城市活力。社会变迁让青年一代处于空前的活跃状态,全球化、信息化的飞速发展,青年人才作为独立先行者的观念得到了社会更多的认可。青年成为当前社会转型的重要支撑力量,青年人才的大力引进也成为推动城市发展的动力性要素。然而,青年一代生存压力的大增也是社会公认的事实。

近年来,我国一些地区因经济、公共服务、人才培养条件等方面落后,导致人才流失严重,影响了当地经济的发展。2016年以来全国各地掀起"人才大战","青年友好型城市"建设在此背景之下应运而生。

青年是国家经济社会发展的生力军,是具有战略意义的社会力量。中共中央、国务院印发的《中长期青年发展规划(2016—2025年)》指出,"党和国家历来高度重视青年、关怀青年、信任青年,始终坚持把青年作为党和人民事业发展的生力军,为青年在革命、建设、改革中施展才华创造条件、提供舞台","要坚持以青年为本、尊重青年的主体地位,把服务与成长紧密结合,让青年有更多的获得感"。

《中长期青年发展规划(2016—2025年)》的印发标志着国家对青年发展的重视达到了新的高度。上海、广州等多个城市通过建设青年友好型城市吸引青年人才。

青年是城市建设的重要力量,国家高度重视青年的发展。党的二十大以来,国家把青年工作摆到更加重要的位置。习近平总书记在党的二十大报告中强调"全党要把青年工作作为战略性工作来抓"。

2. 青年友好型城市建设

(1)"青年友好型城市"的来源

"青年友好型城市"一词最早出现于2010年上海世博会、北京奥运会、广州亚运会的青年志愿者代表联合发布的《海宝宣言》,提出为实现"城市承载青年梦想,青年引领城市未来"而努力。

(2)青年友好型城市的特征

在各类报道中青年友好型城市也称"青春城市""年轻城市"。"青年友好型城市"目前尚无统一的权威定义。有学者认为,青年友好型城市是指城市政府基于青年优先发展和积极发展的理念,在城市规划设计、制度建设、专业共识、政策实践、资源配置等方面,以及大城市、中等城市、小城市乃至社区多层面的公共事务中都能关注青年福祉,给予青年发展以优先权,注重将青年的需求纳入公共决策和城市规划之中。[1]

在《青年友好型城市的理论内涵、功能特征及其指标体系建构》一文中,作者认为,青年友好型城市是指为了适应城市转型与升级发展,满足城市新阶段功能性变化,突出青年主体性,充分调动政府、企事业单位、社会组织等各类发展主体加大投入,激活城市要素,改善城市环境,创新城市政策,为青年创造发展空间,提供公共服务和优惠政策,从而实现青年与城市互利共赢的新型城市形态。[2]

不同地区的青年友好型城市的发展战略各有不同的特色,总的来说,是通过充分认同和尊重青年人才享有优先发展权,进而使青年人才增强对城市的贡献力、创新力,逐步让青年人才与城市实现有机融合和良性互动。

基于以上观点本书认为,"青年友好型城市"是指为青年提供更多的发展机会和更好的工作、生活环境的城市。"青年友好型城市"会采取相关措施,提供更多的教育和就业机会,建设更多的公共设施等,同时更注重提高青年的社会地位和社会事务参与度,以更加友好的条件吸引青年人来工作和生活。

---

[1]朱峰."新一线城市"青年友好型城市政策创新研究[J].中国青年研究,2018(6).
[2]闫臻.青年友好型城市的理论内涵、功能特征及其指标体系建构[J].中国青年研究,2022(5).

(3)洛阳市青年友好型城市建设

洛阳是首批中国创新型试点城市,有着3000多年的建城史和5000多年的文明史,有着深厚的历史文化底蕴、强大的工业经济实力、便捷综合的交通网络和广阔的发展前景。

近年来,随着经济快速发展,洛阳市城市发展面临新的挑战。首先是城市人口进入老龄化阶段。在人口发展动力不足的情况下,一个城市对青年人的吸引力直接关系到这个城市的发展潜力。吸引更多青年人才投入到洛阳经济社会建设中必将推动城市的高质量发展。

其次是青年人才流失严重。随着副中心城市建设持续深入推进,洛阳市急需一支高素质人才队伍支撑经济社会高质量发展。青年是学习新技术、发展新产业的生力军,是促进洛阳城市发展的动力。

洛阳市聚焦创新人才和青年人才培养与吸引,深入探索青年友好型城市建设的路径和方法,出台《汇聚创新人才集聚青年人才加快建设人才强市若干举措》[1],强力推进人才强市建设,大力推动青年友好型城市建设,以期逐步实现人才强市战略。

2021年底,洛阳市委、市政府出台《洛阳市建设青年友好型城市行动方案》,指出要把建设青年友好型城市放在洛阳打造聚合创新资源平台城市的基础性、先导性、战略性位置。在"十四五"期间,实施建设青年友好型城市五大工程,着力提升洛阳的城市功能品质与青年的契合度,让城市更好地吸引青年、集聚青年、成就青年,以青春活力不断激发创新活力,为建强副中心城市汇聚强大青春力量。

---

[1] 河南省人民政府门户网站.洛阳出台20条措施强力推进人才强市建设[EB/OL].(2022-01-17)[2023-10-20].https://www.henan.gov.cn/2022/01-17/2383988.html

青年是具有战略意义的社会力量。在洛阳市的城市建设中青年是中坚力量,青年的发展直接关系到洛阳城市未来的发展和前景。为吸引更多的青年融入城市发展,城市需要重视青年群体的各项需求,优化青年群体在城市的工作环境、生活环境,提升青年群体的获得感、安全感与幸福感。

3. 青年友好型大学的发展意义

大学生是青年群体的重要组成部分,职业大学作为青年人才的汇聚地,蕴含着相当大规模的潜在生产力,在推动青年友好型城市建设中将发挥重大作用。在洛阳科技职业学院前期的调研与分析中尚未发现有以"大学与青年友好型城市建设融合"为主题的学术研究,且以"青年友好型职业大学"为主题的研究与探索也尚无。

(1)"青年友好型职业大学"提出的时代背景

高等院校承担着人才培养、文化传承、社会服务、科学研究等职能,21世纪以来我国职业教育的发展发生了巨大变化,讲求"高质量发展"和建设"技能型社会"是现代职业教育发展的时代背景。职业教育作为类型教育与普通教育处于相同重要的地位,是我国教育高质量发展的重要组成部分。同时,职业教育的社会偏见依然存在,改革政策的全面落地尚需时日,进行职业教育改革,建设青年友好型职业大学任重道远。

(2)**青年友好型职业大学的理念和特点**

在洛阳市大力建设青年友好型城市的背景下,洛阳科技职业学院在如何更好地发挥职业大学职能的道路上一直在探索。

基于青年友好型城市建设的时代背景和职业学校当前的发展压力和使命担当,洛阳科技职业学院勇于创新,首先提出了建设"青年友好型职业大学"的理念。

青年友好型大学的特点主要包括以下几个方面：

①青年友好型大学教育理念先进,倡导学生主动探究和发挥创新精神;环境更加开放,更加适宜学生的发展。

②青年友好型大学一站式服务能力更强,使学生生活更加便捷。

③青年友好型大学的学生有活力,更加富有创造性,接受新事物能力更强。

④青年人才在青年友好型大学更加有归属感。

洛阳科技职业学院是一所集团化办学的民办高职院校,在办学方面有独特的优势。首先,集团化办学可提供充足的财力、物力保障;其次,集团下共有八所院校,具有可快速复制的优秀管理经验,同时,学校师资力量雄厚。学校致力于走出中国高等职业教育特色发展之路,不断加强内涵建设,为全面建设社会主义现代化国家提供有力的应用型技能人才保障。

在新的历史时期,洛阳科技职业学院立足国家职业教育改革新阶段,积极创新和探索,践行新时代职业教育发展新要求,提出创建青年友好型职业大学的发展目标,已初步形成独具特色的育人理念及高水准的"双院育人"人才培养模式。

青年友好型职业大学是国家技能型人才储备的摇篮,洛阳科技职业学院创建青年友好型职业大学将为青年友好型城市洛阳吸引并留住更多的青年人才,是推动青年友好型城市洛阳高质量发展的重要支撑力量。学校在大力推进青年友好型职业大学建设的征程中,也将更好地发挥技能型人才培养、社会服务等大学职能,为全面建设社会主义现代化国家做出更多贡献。

(3)青年友好型职业大学建设的意义

职业大学的教育对象是传统教育理念下高考的"失意者、中低分数者",唯分数论的评价导向给他们贴上了负面标签,使其自信心受到了打击。对此,我们应当坚持有教无类,因材施教,因为职业大学的学生是父母的希望、家庭的未来、祖国未来的大国工匠。

教育的本质是一棵树摇动另一棵树,一朵云推动另一朵云,一个灵魂唤醒另一个灵魂。构建青年友好型职业大学,从学校育人和管理的每一个环节关爱学生,才能帮助他们形成健全人格,增长独立面对社会、自信生活的能力,成就人生梦想,最终更好地服务社会、奉献社会。

职业大学培养的青年人才在青年友好型城市建设中有重要作用,开展青年友好型职业大学构建和发展的相关研究,将会为青年友好型职业大学的实践发展提供理论参考,将更好地促进职业大学广大青年学子的成长。此外,构建青年友好型职业大学将全面体现以人为本的教育观,在教育领域和青年友好型城市建设中具有里程碑式的重要意义。

(4)青年友好型职业大学发展的必然性

大学是城市里青年最集中的地方,创建青年友好型大学,是时代的必然要求,是符合时代发展趋势的重要举措。

其一,是经济发展的需要。

目前,我国经济发展方式发生了巨大转变,经济结构持续优化。"十四五"期间,我国将实现经济的高质量发展,构建现代产业体系,推动经济、政治、文化、社会、生态文明建设一体化,追求全面可持续发展。青年是社会发展的生力军,要让青年在经济发展过程中发挥更重要的作用,就需要为青年创造更好的环境和条件。因此,青年友好型城市及青年友好型大学的创建是经济发展所需。

其二,是教育理念转变的需要。

社会的发展和进步离不开技术,技术的进步离不开技能型人才。随着社会的发展,人才资源市场对人才的需求也在不断变化,从最早的学历匹配,到后来的专业匹配,直至现在的技能精准匹配。科学技术的日新月异、人口结构的老龄化、社会经济发展模式的变化等等,都要求有一个更有进步意义的、基于类型教育的、全新的育人理念和育人模式,以便培养时代所需人才。

中共中央、国务院印发的《关于加强和改进新形势下高校思想政治工作的意见》提出"全员全过程全方位育人"的"三全育人"新理念。三全教育既是当下育人,更是长远育人,需要破立并举,需要建构新的育人体系标准,需要不断创新。青年友好型大学以学生为中心,优先考虑青年学子的成长需要、学习需要、发展需要以及终身学习的需要,践行"三全育人"的要求,具有重大的现实意义和改革意义。

其三,是技能型社会构建的需要。

高等职业学校作为培养高素质技术技能人才的摇篮,在职业教育新发展环境下,寻求发展优势,重塑发展格局,重构适用于类型教育的发展模式意义重大。

青年友好型职业大学的建设必须把握好职业教育规律,以高质量就业为导向,把立德树人作为办学根本,打造高质量的资源聚合平台,筹建实训基地、学生众创空间、学生创业园等,完善大学生就业创业的机制体制,助推青年学子成长成才。

构建青年友好型城市是新的历史时期社会发展的必然选择,推进青年友好型职业大学建设,激发青年的活力与动力,让青年创造的成果助力大学发展和城市建设对于我国青年的发展、城市的发展、职业大学的发展都具有重大现实意义。

青年友好型职业大学在青年友好型城市发展的过程中将重新定义职业大学的社会服务和人才培养功能,大力提升青年对城市的贡献力,促进青年、职业大学和城市发展的有机融合和良性互动。

"十四五"期间,洛阳科技职业学院立足国家职业教育改革新要求,积极创新,大力推进青年友好型职业大学建设,深入推进"双院育人"人才培养模式改革,求真务实,让"书院制改革"战略落地,让广大青年学子在人生发展的最关键阶段能够接受最好的教育,学有所成、学有所获。洛阳科技职业学院以父母之心育人,在学校育人和管理的每一个环节关爱学生,帮助学生形成健全人格,提升专业技能,增强自信,成就人生梦想。在这样的发展过程中,学校的社会反响良好,形成了优秀的民办高校品牌和一套完整的品牌发展战略。

4. 青年友好型职业大学书院制改革的必要性

(1)学校育人理念革新的需求

洛阳科技职业学院在提出建设青年友好型职业大学的同时,大力推进青年友好型职业大学书院建设。

"十四五"时期,洛阳科技职业学院书院坚持学校育人理念,以技术技能人才培养为导向,以人文素养培育为基础,以主题工坊为依托,以特色活动为载体,以书院文化浸润学生心灵,积极推进全员书院制改革,努力成为扎根中原大地的职教书院典范。

(2)书院制改革与创新的需要

洛阳科技职业学院书院文化是洛阳科技职业学院文化十分重要的组成部分。近年来,洛阳科技职业学院一直在系统凝练自己的文化精神,"洛科鼎"便是洛阳科技职业学院文化的顶层设计,作为洛阳科技职业学院的精神图腾,在学校各个领域发挥精神引领作用。学校的"力量大厦"承载了学校愿景、宗旨、育人目标、核心价值观等,为学校的战略发展指明了方向。从实践层面来讲,洛阳科技职业学院书院文化与下一步要建设的学院文化、教师文化、制度文化等一脉相承,从而形成完整、系统的洛阳科技职业学院文化。

洛阳科技职业学院书院由1个总院和8个分院组成。总院的院训"扎根中原 光耀四方",主题特色"厚德博学 内心充盈 敏行善言"是对学校培养目标的承接。学校的校园是人文与科技相结合的,东校区打造人文校园,西校区打造科技校园。东校区的四大书院传承自洛科鼎,院徽院旗分别围绕"洛科之眼""洛科之耳""洛科之翼""洛科之角"进行设计;西校区的四大书院凸显"大国工匠""科技精神"主题,全新打造书院育人环境。洛科书院的育人环境让每一个洛科学子都具有国际视野,谨言慎行、诚实笃行、慈爱奉献,具备数字思维、未来思维,自我健全、实证探索。每个书院打造各自的内涵体系与院训,以核心素养为方向,打造思政文化、社团文化、工坊课程文化。书院与二级学院交相呼应,为"学生全面发展,高质量就业,做一个对社会有贡献的人"服务,这是双院育人的工作重点。

洛阳科技职业学院大力进行书院改革,不断完善书院的育人设施,营造教学文化氛围,开展独具各书院特色的课程活动,优化书院运行机制,改进管理模式,充分释放学生的天性,满足学生的发展诉求。

(3)青年友好型职教书院建设内涵创新的必然选择

纵观当前全国高职院校"三全育人"实践,部分职业学校单一化的办学目标是严重偏离国家的教育方针的,存在重技术教育而忽视基础文化素养、道德品行教育等现象。职业院校不仅要让学生获得知识,同时也要培养学生成为德智体美劳全面发展的人,培养学生成为高素质的技术技能型人才。在新的历史时期,职业院校的育人理念需要紧跟时代步伐,学校也要及时调整教育目标,拓展教育内涵,走创新改革之路,为党育人、为国育才。

青年友好型职教书院将进行"全人教育""融合教育""博雅教育",推动全方位育人理论和实践创新。全方位育人就是坚持五育并举,培育德、智、体、美、劳全面发展的人,培育国家未来的建设者和接班人。我国高职院校全方位育人目标是在实现培养德、智、体、美、劳全面发展的社会主义建设者和接班人的前提下,培养高素质技术技能型人才,体现育人目标和育才目标、个人价值和社会价值的统一。

青年友好型职教书院在内涵建设方面更加关注以父母之心育人、以关爱之心对待学生,加强对学生创新素养的培养。以父母之心育人,要求教师在育人过程中有耐心、有爱心、要细心,要求学校创设更加人性化的生活环境、学习环境、发展环境,创设更有人文关怀的空间,让青年学子在学校体验感受到学习、生活、成长、成功的快乐,提高青年学子的学习满意度和成长满意度,使学生毕业后成为更有素养的人,对社会做出更大的贡献。

书院的发展是学校向外推广的一个名片。通过书院改革,洛科已逐步加强同各书院联盟、书院协会等书院制文化机构的合作与交流,搭建了广阔的平台,未来将与国内外更多的高校、书院联盟合作交流,获得更大的进步,助力学校办学声誉的提升和品牌知名度的建设,形成更大的文化资产。

洛科重视从实践中积累经验,创新理论,以就业为导向,用科学、审慎的态度推进书院制改革,走出一条人文素养、技能素养全面发展的具有职教特色的书院制改革新路径,在中国职教书院制改革中发挥引领作用,在中国职教书院制改革中写下浓墨重彩的一笔。

二、学生可持续发展的需要

大学生作为广大青年的代表性群体,肩负时代责任,是实现民族复兴重任的生力军。大学生的未来发展与国家和社会的发展密切相关。大学生是国家的未来和民族的希望,必须多学知识、领悟道理、掌握本领、保持身心健康、热爱劳动,实现全面发展。

然而,随着经济社会的飞速发展,教育环境也发生了巨大变化,当代大学生在享有良好学习、生活条件的同时,也面临着许多困扰和难题,包括身心健康、就业创业、社会适应性、可持续发展等方面,这些问题将会影响青年学子的健康成长和成才。

(一)学生身心健康面临新问题

1. 学生成长面临新困境

由于经济的飞速发展和生活节奏的加快,当代大学生也面临着生活、学习、人际关系等方面的问题。学生面对巨大的压力和挑战,容易产生焦虑、抑郁、自闭等心理问题。大学是青年学子人生发展的关键期,如果学生调整不好成长中遇到的各种问题,将会造成自卑和焦虑等问题,进而影响到学业发展、职业生涯发展和未来的人生幸福。

2. 学生成长需要强支撑

高等教育是培养人才的摇篮,人才培养是高校的首要职能。高校担负着大学生思想引领和技能培养的重要任务。高校在人才培养过程中要高度重视大学生的身心健康问题,尤其是心理健康问题,要重视提供行之有效的心理健康指导和支持,为青年学子的可持续发展奠定基础。

3. 学生成长需要新变革

每一个独立的个体都有成长发展的需要,而在帮助学生成长方面,洛阳科技职业学院提出建设青年友好型大学,大力推进"学院—书院"双院制改革,以父母之心育人,双院协同教育,既重视"教",更重视"育"。学校对青年学子给予充分的"认同、尊重、激活",设有心理发展指导中心,关注学生成长过程中的身心健康,为学生健康成长保驾护航。

(二)学生适应社会发展的需要

习近平总书记指出,立德树人是教育的根本任务。社会的发展和时代的进步对人才素质提出了更高的要求。人才资源是社会发展的第一资源,我国的社会主义现代化建设需要充足的人才支撑。

1. 学生全面发展的需要

青年学子是未来社会发展的中坚力量,我国提出科教兴国战略,旨在将青少年培养为德智体美劳全面发展的复合型人才。学生综合素养的提高必须通过五育并举的全面教育才能实现,这是时代发展的必然要求。

马克思主义理论认为全面发展是人类发展的理想境界。个人的发展离不开社会的发展,同时个人的发展又会促进社会不断进步。时代的进步离不开人才的支撑,而大学生是国家的未来,因此,在新的历史时期,我们必须重视大学生的全面发展。

大学时期正是世界观、人生观、价值观形成的关键时期,在这个过程中一定要注重通过对青年进行德智体美劳全面教育塑造其良好的品德。首先要提高学生的学习能力,引导学生进行系统思考,统筹安排,增强自身素质;其次要提高学生的创新能力,引导和培养学生的洞察力和发现问题、分析问题、解决问题的能力,进一步提升学生的综合素养,培养厚德博学、内心充盈、敏行善言的高素质技术技能人才。最后要提高学生的自律能力,引导学生更好地认识自我,培养学生高尚的情操,进一步健全人格。

2. 学生职业技能发展的需要

习近平总书记强调:"要更加重视人才自主培养,努力造就一批具有世界影响力的顶尖科技人才,稳定支持一批创新团队,培养更多高素质技术技能人才、能工巧匠、大国工匠。"随着职业教育改革的推进,在新的历史时期,高技能人才的竞争优势将日益凸显。而高技能人才必然是专业技能精湛、综合素质全面的人才。

在当今社会,就业者需要具备专业技能、人际交往能力、创新能力、团队协作能力、自我营销能力、领导能力及自我管理能力等全方位的能力。洛阳科技职业学院重视"知行合一",对学生职业技能发展给予高度关注。在书院制改革中设立职业素养中心和公共艺术中心,加大对学生职业素养的培养力度,以提升学生在就业市场的竞争力,同时提升学生的职业发展能力。

(三)学生终身成长和发展的需要

21世纪,科学技术的发展日新月异,数字化和人工智能广泛覆盖我们的生活并深刻改变着我们的生产、生活方式,社会竞争也日益加剧。新的时期既充满机遇又充满挑战。

1. 时代发展和知识更新的需要

研究显示,在知识快速更迭的节奏下,如果一年不学习,个人所拥有的知识就会折旧80%。基于这种现实情况,终身成长是每一个人必须具备的能力。终身成长既是在学习或工作上的不断自我提升和发展完善,也是一种积极的人生态度。

2. 个体终身学习的需要

社会的快速发展和未来职场的激烈竞争,都需要我们不断更新知识体系、知识结构和职业技能。新的时代每个学生都要具备终身学习能力,只有通过不断学习,更新认知和扩展视野,才能跟上时代的步伐。学不可以已,终身学习有益于提高个人的综合素养,使个人在未来有更好的发展前景,有利于个人更好地实现自身价值。终身学习能不断更新个人的知识储备,更好地解决生活、工作中遇到的新问题。涓滴之水汇成江海,每个个体的进步凝聚的力量能更好地推进国家社会的进步发展。

三、"三全育人"模式创新的需要

（一）高等学校的育人目标

《中华人民共和国高等教育法》第四条规定"高等教育必须贯彻国家的教育方针，为社会主义现代化建设服务、为人民服务，与生产劳动和社会实践相结合，使受教育者成为德、智、体、美等方面全面发展的社会主义建设者和接班人"。高校育人目标就是培养德、智、体、美等全面发展的社会主义事业的建设者和接班人。

（二）职教书院育人目标定位新要求

职教书院综合教育定位是构建"青年友好型"职业大学的配套学生管理平台，"青年友好型"是贯穿于职教书院教育实践并达到提升综合教育能力的外化性展现模式。

1. 青年友好型职教书院的育人目标

党的二十大报告明确指出要"激发全民族文化创新创造活力，增强实现中华民族伟大复兴的精神力量"。我国综合国力日益增强，"文化自信"成为发展的需要，这对我国传统书院文化的继承和发扬也提出了新的时代要求。

我国书院教育是从"精舍""精庐""学馆"逐步发展起来的，既是教学机构也是学术研究机构。中国古代书院主要由私人讲学，教育过程有其独特性。在漫漫历史发展长河之中，众多先贤立足书院讲学授课，推进了文化的传承、研究、创新与传播，对中国社会影响深远。书院教学方式灵活多样，书院文化蕴含着独立自主、理性思辨、教化国民等精神内核，是民族精神守护和创新的一种载体。书院对我国教育等事业的进步做出了重大贡献。

我国现代职教书院的发展既要把传承传统文化作为发展目标，又要紧跟时代步伐，做出与职教、大学、青年相呼应的成果。

新的时期，新的理念，青年友好型职教书院应吸收传统书院文化精华，充分发挥创造性，形成新思路新模式，打造出一种新型的适宜青年培养和发展的文化形态，将其融入现代职业大学的教学与管理中。

在新时代环境下，青年友好型职教书院将成为传承职业教育文化和发扬大国工匠精神等的重要载体，实现推动社会文明进步的重要目标。

青年友好型职教书院的核心在于"青年友好"与"职教特色"，青年友好型职教书院更多关注走中国职教与传统文化相结合的特色化发展道路。

特色化教育是职业教育的生命线，职业大学特色化发展是常谈常新的问题。青年友好型职教书院应以特色化发展为基准，在培养方案、课程建设、学生管理等方面推陈出新，表现出与传统职业教育不同的作为。

青年友好型职教书院将坚持"三全育人"，以目标为导向，把全员育人、全过程育人、全方位育人融入书院教育中，以学生为中心，充分发挥学生的主观能动性，鼓励学生之间、师生之间经常开展切磋论辩活动，培养学生的质疑精神、思辨精神，进一步让学生形成批判性思维和创造性思维，为实现学生的素质提升、终身发展做出最大的贡献。

青年友好型职教书院以导师制为核心，以书院文化打造为切入点，根据学生的不同特点和成长需求开展各类文体活动、社会实践活动，充分发挥书院文化育人的浸润作用，实现青年学子学习的线上与线下、课堂与课后的贯通，实现全过程育人。在教学内容方面，以通识教育课程和活动为载体，结合思政教育，定期开展各类主题讲座，包括德育、体育、美育、劳动教育、社会调研等各个方面，从而培育出高素质的技术技能人才，实现全方位育人。

同时，青年友好型职教书院还应不断完善双院育人的培养方案，发挥自身优势，弥补发展中的不足，因材施教，培养国家需要的有素养的技术技能型人才。

2. 洛科青年友好型职教书院育人目标

洛阳科技职业学院全面贯彻党的教育方针，坚持立德树人、德技并修，秉承"以父母之心育人，帮助学生成就梦想"的办学宗旨，拥有"以学生为中心，以贡献者为本，组织利益至上"的核心价值观，积极践行"理实一体，知行合一"的校训，实施"认同、尊重、激活"的育人理念，建设青年友好型职业大学，积极推进"学院一书院双院育人，政一校一行一企协同育人"模式，努力成为扎根中原大地的高水平职业技术大学。

洛阳科技职业学院青年友好型职教书院学习和借鉴国内外高水平大学的先进办学经验，始终"坚持立德树人、德技并修，坚持产教融合、校企合作，坚持面向市场、促进就业，坚持面向实践、强化能力，坚持面向人人、因材施教，坚持政府统筹、多元办学"，优化组合我国传统书院与现代职业大学的办学优势，探索职业大学双院育人新模式。

洛阳科技职业学院青年友好型职教书院优化课程，深入调研并编制新型人才培养方案，开展小班化教学，推进精彩课题建设，做到因材施教、个性化教学。

书院定期开展礼射表演与汉弓制作、古琴表演与琴斫制作、人际交往、自媒体创作与运营、舞狮（社火）等特色工坊创新课程，力争成为先进书院育人理念的探索者、特色职业教育方法的践行者、三全育人卓越成效的示范者。书院通过更精深的专业教学和中西贯通融合的博雅教育,培养学生提升综合能力,更好实现人生价值,从而为国家和社会做出更大的贡献。

(三)职教书院育人体系建构新要求

大学是创新型人才培养的重要阵地,要以立德树人为根本任务,全力构建"三全育人"体系,以构建高质量协同育人体系为重点,加快应用型人才培育生态环境建设,把"三全育人""五育并举"工作成效纳入学校年度述职考核测评体系,完善考核评价机制,发挥考核评价的激励作用,进而推动育人与课堂教学、团学活动、社会实践、服务保障等的全方位融合。

1. 育人体系概念辨析

中共教育部党组2017年印发《高校思想政治工作质量提升工程实施纲要》(简称《纲要》),提出了构建"三全育人"(全员育人、全过程育人、全方位育人)的要求。"三全育人"是对立德树人特点和规律认识的全面提升和进一步深化,是对传统教育模式的一种改革,目的是培养全面发展、有创新精神、有实践能力以及社会责任感的综合型人才。

《纲要》提出要挖掘育人要素,完善育人机制,优化评价激励,强化实施保障,切实构建课程育人质量提升体系、科研育人质量提升体系、实践育人质量提升体系、文化育人质量提升体系、网络育人质量提升体系、心理育人质量提升体系、管理育人质量提升体系、服务育人质量提升体系、资助育人质量提升体系、组织育人质量提升体系十大育人体系。

2. 青年友好型职教书院育人体系

青年友好型职教书院育人体系建设过程中,首先要提高站位,树立全方位育人教育理念。我国是社会主义国家,我们的教育目标是培养社会主义建设者和接班人。这就要求我们必须紧跟时代步伐,开拓进取,推陈出新,重塑青年友好型职教书院育人理论体系。洛阳科技职业学院在这方面做了许多创新。

首先是适应高质量发展要求的办学理念的创新。用"认同、尊重、激活"的育人理念,认同每一位学生的基础与潜能,尊重他们的个性与发展,通过改革教育方式,激活每一个生命个体。其次是适应高素质技术技能型人才培养模式的创新。学校创新了"一体两翼"培养模式,"一体"即"办青年友好型职业大学","两翼"即"书院—学院"双院育人、"政—校—行—企"协同育人;学校全面推进书院制改革,设立八大书院,将学生日常管理、素质培养和专业教育相结合,构建"三全育人"新模式,培养厚德博学、内心充盈、敏行善言的高素质技术技能人才,努力成为扎根中原大地的职教书院典范;学校职业教育以就业为导向,围绕就业岗位需求制订人才培养方案、课程体系及教学方式,政—校—行—企协同育人,整合资源推动学校及学生发展。最后,在"产教融合,校企合作"上创新发展。产业转型升级背景下,学校通过政—校—行—企深度协同合作,在建立现代产业学院、建立中国特色学徒制等方面进行探索,加强专业群建设,一群对接一产业,实现产教融合发展。

为贯彻落实中共中央、国务院《关于加强和改进新形势下高校思想政治工作的意见》中关于"三全育人"（全员育人、全过程育人、全方位育人）的要求，学校在发展过程中坚持"三全育人"和"五育并举"，推动育人与课堂教学、团学活动、服务保障、社会实践等全方位融合，实现教育工作与思想政治工作对接、资源共享和优势互补，积极推进书院制育人模式改革。按照公寓空间布局，学校已经建立日新书院、慎德书院、忠信书院、慈涧书院、鲁班书院、张衡书院、仲景书院和文远书院等八大书院，在全面推进学分（习分）制管理的基础上，明确书院、学院的功能定位，完善制度机制，形成"书院—学院"双院育人特色，努力创办青年友好型职业大学，力争成为扎根中原大地的高水平职业技术大学。

（四）职教书院教育模式变革新要求

1. 学生发展需求

从学生发展方面来说，学校以青年友好型为指导，以学生需求为出发点，注重学生学习生活体验，以学生为本，结合时代发展的要求和职业教育改革的要求，让学生积极参与生活学习管理，并且把管理方式多元化，提高学生参与程度，完善自主管理体系。充分发挥学生的个性，培养他们的兴趣、爱好。同时，坚持知行合一、工学结合，培养复合型人才。站在青年人的立场上，回应青年所需。

2. 教师育人需求

从教师育人方面来说，要树立"三全育人"教育观念。德高为师，学高为范，高校教师要以德立身、以德立学、以德施教，紧紧围绕立德树人根本任务，不断以模范行为引导和影响学生。要加强教师、导师管理分工,避免出现上下承接断链;要以育人为本,以质量为先,着力培养高素质技术技能人才。

(五)职教书院育人机制重塑新要求

《关于加强和改进新形势下高校思想政治工作的意见》提出"三全育人"包含"十大育人体系","十大育人体系"在教学过程中也需要建立学校全员协同、全程贯通、全面融合渗透的制度保障和运行机制。

青年友好型职教书院育人机制重塑主要包括以下几个方面:

1. 青年友好型职教书院育人维度重塑

青年友好型职教书院育人体系的核心是以书院为中心,打破传统教育模式下的专业分类,使书院与学校其他管理部门和谐共生。书院与学校教务处、学生处、团委等各个部门加强互动沟通和联系,增加管理维度和链条;同时,增加不同院系、不同年级、不同地域的学生之间的交流,扩大学生的交流范围,大力提升学生的主动性和积极性,培养学生的团队合作精神和自我管理、自主解决问题的能力。

2. 青年友好型职教书院育人模式重塑

青年友好型职教书院的育人模式要区别于传统书院的育人模式,更要区别于普通本科大学的育人方式。在管理方面,青年友好型职教书院不是单一的辅导员管理责任制,而是以书院为学生管理的单位,构建相应的组织架构,提供学生喜欢的学习及活动设施,开展丰富的娱乐活动及相关素养课程,贯彻"教育即生活,生活即教育"的理念,实现教育与生活的融通。

3. 书院制改革助力学生终身成长

新时代新征程,洛阳科技职业学院通过书院制改革,以书院文化和精神浸润学生的心灵、启迪学生的思想,让学生在学、思、悟中汲取奋发进取的智慧和力量,焕发青年大学生成长成才的精神面貌。

学校深入推进双院育人人才培养模式改革,求真务实地将"书院制改革"政策要求落地,让广大青年学子在人生发展的最关键阶段能够接受最好的教育熏陶,学有所成、学有所获。洛科以父母之心育人,从学校育人和管理的每一个环节关爱学生,潜移默化培育学生终身学习的思想和坚持学习的毅力,健全学生人格,提升独立面对社会自信生活的能力,帮助学生成就人生梦想。

四、地域文化支撑书院制改革

书院制改革是当前高校大力推进教育管理体制改革、全新探寻三全育人模式的重要举措之一。

书院制改革是以言传身教的导师制、混合居住、通识教育、环境育人、核心素养提升和双院育人为基础,凝聚和吸引师生追求健全人格、自觉学习的探索过程,是回归教育本质的育人新模式和新机制。书院制之所以能迅速成为高校育人新模式,其背后有着科学合理的逻辑支撑。

(一)书院文化发展渊源

洛阳科技职业学院地处中原,西襟函谷,东枕神都(十三朝古都洛阳),绾依丝路,位居名区。学校自然地理环境宜人,共有两千余亩生态校园,以涧河为界,分为河东校区和河西校区。得天独厚的地理优势以及河洛文化开放、包容的特色赋予了学校浓厚的传统文化氛围和底蕴。自然环境、人文环境的浸润对学校的改革和文化理念的形成有着潜移默化的影响。

1. 河洛传统文化氛围浓厚

中原地区是华夏文明的摇篮,中原文化是中华文化的重要发源地。而在中华光辉灿烂的文化中,书院文化是其非常重要的组成部分,影响深远。河南作为"河洛文化"的发祥地,其文化的繁荣发展与书院文化的发展息息相关。而洛阳是历史文化名城,有着深厚的传统文化积淀。洛阳科技职业学院位于洛阳,有着得天独厚的文化氛围。

2. 古代书院文化底蕴深厚

古时著名的"四大书院",即应天府书院、岳麓书院、白鹿洞书院、嵩阳书院,有两座位于河南。

应天书院,位于河南省商丘市古城南环境优美的湖畔,历史上是北宋最高学府之一,也是我国古代书院中"升级为国子监的书院",这在历史上是独一无二的。

嵩阳书院位于河南省登封市,是中国古代的高等学府,对我们研究中国古代书院及教育制度有重要作用,也对现代教育产生着重要的影响。

除了这两座著名的书院外,河南还有七大书院也曾经在历史上发挥过重要作用:

紫云书院位于襄城县紫云山,文化氛围浓厚,如诗如画。

花洲书院位于河南省邓州市,始建于宋朝,环境幽静,景色宜人,是理想的治学之地。

大程书院位于河南省扶沟县，最早为宋代程颢所建，规模雄伟，遗留的有较完整的古建筑群。

伊川书院位于河南省伊川县，最早由北宋理学家程颐建立，"程门立雪"的故事就发生在这里。程颐的学说开创了宋代理学，对后世的"洛学"也产生了重要的影响，伊川书院在中国古代书院发展和思想文化等方面都具有无可替代的历史地位。

百泉书院位于辉县市，始建于五代末年，民国时期开办教育，山水领秀，名著华夏，有着极高的教育研究价值、建筑艺术价值。

欧阳书院是北宋欧阳修在河南省安阳市滑县任通判时的住所，景色宜人，亦是育人之所。

河南古代书院文化繁荣发展，有力推进了当时文化和教育的发展，对中原文化、中华文化的发展有深远影响。

（二）书院文化赓续发展

书院制改革以言传身教的导师制、混合居住、通识教育、环境育人、核心素养提升和构建学院与书院协同创新育人机制为基础，凝聚和吸引师生追求健全人格、自觉学习，是回归教育本质的育人新模式和新机制。它在国内高校中之所以能迅速形成风潮，成为人才培养模式改革创新的一个"新风向"，其背后有着科学合理的底层逻辑。

1. 河南省政策支持

河南省教育厅在2021年4月公布了省内全面推行书院制改革的决定，河南科技大学、河南中医药大学等29所高等院校陆续实行了书院制育人模式，并被列入书院制育人模式改革示范书院立项名单。

2021年11月,中共河南省委高校工委、河南省教育厅印发了《河南省高等学校书院制育人模式改革实施指南(试行)》,要求河南省各本科高等学校积极稳妥推进书院制育人模式改革。由此,河南省高校书院制改革拉开了帷幕。

2. 洛科书院创新发展

河南省书院文化的发展源远流长,在新的历史时期有新的创新和发展。

洛阳科技职业学院地处古都洛阳,在地域文化方面有着得天独厚的优势,学校乘着书院制改革的春风,积极探索书院制改革,稳步推进各项改革举措,彰显职教特色,为中国特色职教书院建设与改革写下新的辉煌篇章。

2021年9月14日,洛阳科技职业学院正式启动书院制管理探索工作。2022年4月28日,集团李孝轩董事长与洛阳市委书记江凌会面时,江书记给出了"洛科新校区可以一步到位,按照书院模式来规划设计"的建议。为全面打造特色职教品牌,实施书院制教育,2022年11月10日学校举行"洛科书院文化发布会",洛科八大书院建设工作全面铺开。

第三章

洛科书院育人理念

《中华人民共和国教育法》规定,"教育必须为社会主义现代化建设服务、为人民服务,必须与生产劳动和社会实践相结合,培养德智体美劳全面发展的社会主义建设者和接班人"。洛阳科技职业学院作为职业教育的先行者,落实党的教育方针,结合职业教育的特点,构建符合国家要求和学校实际的育人理念,培养德智体美劳全面发展的社会主义建设者和接班人。

一、洛阳科技职业学院育人理念

（一）洛科育人理念的内涵

2022年，新修订的《中华人民共和国职业教育法》颁布实施。该法的修订一方面体现了国家对职业教育越来越重视，极大地提升了职业教育的社会认同感，为推动职业教育高质量发展奠定了法律基础；另一方面，明确了职业教育的办学方向、人才培养目标，有利于教育行政管理部门、各办学主体等协同发力，共同打造育人环境，提高学生的思想素质和技术技能水平，促进就业创业，为建设教育强国、人力资源强国和技能型社会，推进社会主义现代化建设发挥重要作用。

自2020年11月起，洛阳科技职业学院就将学校文化理念、战略目标等逐步完善，制定工作方针，形成文化理念体系，打造视觉形象，打造洛科精神图腾，构建"力量大厦"，建设焦桐大道，构建书院文化体系等，历经三年努力，逐步形成了自己独特的校园文化、育人理念。这些已经成为洛科的标签，贯穿在教学育人的各个方面，悄无声息地影响和改变着学校的环境与氛围，浸润着每个洛科人的思维，影响着每个洛科人的行为与气质，并不断地推动着学校进行创新、优化和升级。

在新职业教育法实施过程中，洛科结合职业教育的特点，以就业为导向，深化"政—校—行—企"协同育人改革，通过产教融合、校企合作来促进课程内容与行业新技术融合、教学过程与生产过程对接、人才培养与产业需求衔接。打造高校产教融合示范区，实现教育链、创新链、产业链、专业链的深度融合,实现办学质量的新飞跃,以培养更多新时代大国工匠。在育人层面做到育人在心、育人在行,最终,形成了以"认同、尊重、激活"育人理念为核心的洛科育人理念体系。

(二)洛科育人理念的构成

随着国家教育政策的调整,职业教育的育人理念也在不断变革,对教师队伍整体素质的要求也在提升。洛阳科技职业院校随着社会的变革不断更新思想、更新理念,增强行动力,在时代的进程中发挥出应有的作用,不断丰富职业教育的内涵。

1. 以"认同、尊重、激活"为核心的育人理念

2021年10月24日,洛阳科技职业学院校长刘丽彬在洛阳市委、市政府主办的"建设青年友好型城市"主题论坛上,首次提出了"建设青年友好型职业大学"的办学理念及"认同、尊重、激活"的育人理念。

"认同、尊重、激活"把洛科人的思想精神和奋斗目标体现了出来,并逐渐渗透到洛科人的日常生活、教学与工作中。"认同、尊重、激活"的育人理念是洛阳科技职业学院在时代的发展变革中逐步凝练而成的,既体现了时代的要求,又体现了洛阳科技职业学院所有人的精神需求。"认同、尊重、激活"在每一个领域都有它独特的含义,但在洛阳科技职业学院被赋予了独特的意义。

(1)认同

"认同"可分为两个层面,即学生层面和教师层面。在学生层面,指学生的"自我"认同、"学生身份"认同和对学校的认同。首先是让学

生能够"自我"认同,让学生在"我是谁"和"我的未来"上自己进行定位,对自己的身份自信,继而坚定自己的信念,坚定理想和梦想,达到对自我的认同。自我认同有助于促进个体的发展。其次是认同"学生"这个普遍的角色,知道角色的职责任务,进而促使个人完成学业、完善人格,提升综合素质。再次是从情感层次上认同学校,统一思想,对学校自信,增强认同感。在教师层面,教师可以通过教学、生活等提升自我认同感,明确认同教育的重点,积极探索认同的目标。可适当在教师之间开展认同活动,互助认同。教师提高自我认同感后有利于全方位完成教学任务,同时在教学过程中增强认同意识,认同每一位学生,认同学校文化,认同育人理念。只有每一位教师做到自我认同,才能影响每一个学生进行自我认同。

(2)尊重

社会中的尊重体现在公民与公民之间,而校园里的尊重,也可以从多个角度解读。师生之间相互理解、相互尊重、相互包容、和谐共处,有利于教学活动的顺利开展,有利于教学任务的顺利完成。良好的师生关系是教学成功的一半,因此,尊重是育人当中非常重要的因素。学会尊重,是有百利而无一害的。首先,在教师层面,教师尊重学校,从而也就尊重课堂,那么在教学中也就尊重学生,尊重学生的想法。教师尊重他人,也就是尊重自己。其次,在学生层面,学生充分认识自己、尊重自己、提升和完善自己,同时也能得到他人的尊重。再次,从学校层面来说,尊重更多的是对学生的认知、情感、行为等进行认识和判断,学校和教师应在多方面尊重每一位学生,做到"教"与

"爱"相结合。无论是教师还是学生,都应该不断提高自身的修养,提升个人的人格魅力,教师与学生之间建立平等互助的新型师生关系,让教育与尊重完美结合,最终实现真正的互相尊重。

(3)激活

"激活"与"认同"一样,都是心理学层面的概念。激活是多方面的,当激活与人联系在一起的时候,一般指释放人潜在的巨大能量。激活能让人的某种潜力瞬间外放,例如情感、审美、能力的激活。对于教育来说,激活是教育发展的必由之路,不使用激活的方法,教育就没有特色。对于教师来讲,激活就是引领教师走向育人之路的一把钥匙,能够让学生习得真知识、获得快发展,为营造丰富多彩而有意义的课堂氛围创造条件,同时让教师热爱课堂、热爱学生、热爱教学。对于学生来讲,激活即在动态中触发学习的主观能动性,释放创造力和潜力,进行自我提升。例如,让学生在课堂当中积极思考、主动发言、大胆尝试、努力合作,从而达到育人的目的。因此,激活在育人方面有着非常重要的作用。

"认同、尊重、激活"是育人理念中最核心的部分,三个层面相互依托,互通互助。

2. 承载育人理念的文化体系"力量大厦"

承载着洛科愿景、宗旨、育人目标、核心价值观等一系列文化理念的洛科"力量大厦",为洛科的发展指明了方向,更是洛科职教特色书院顶层设计理念的指引。

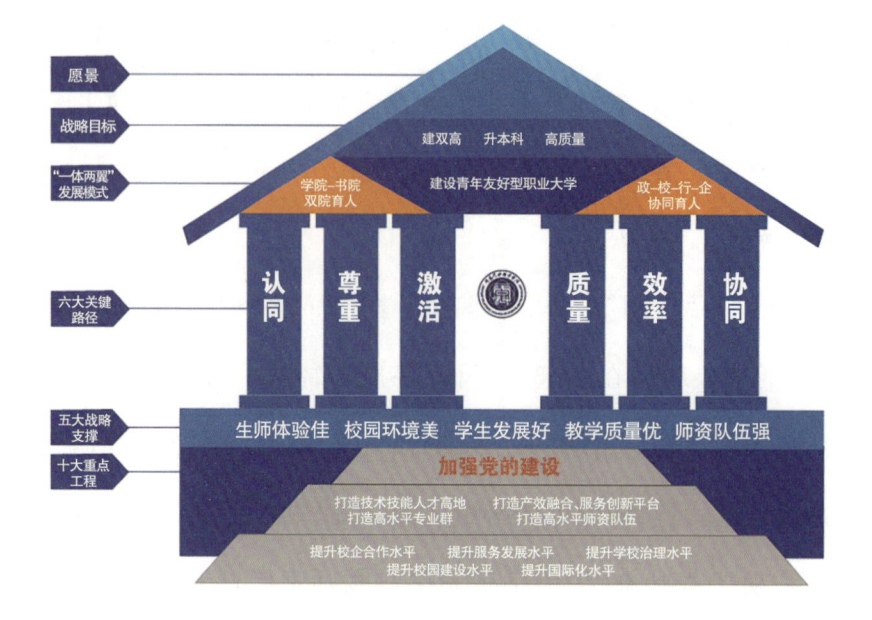

洛阳科技职业学院"力量大厦"

首先,"力量大厦"从学校的发展愿景、战略目标、"一体两翼"发展模式、六大发展关键路径方面对学生进行了认同、尊重、激活的定位,要求各组织要注重质量、协同、效率。其次,"力量大厦"也为学校"十四五"时期的"一个加强、四个打造、五个提升"十大重点工程做出了重要部署。"一个加强",即加强党的建设;"四个打造",即打造技术技能人才高地,打造产教融合、服务创新平台,打造高水平专业群,打造高水平师资队伍;"五个提升"则是提升校企合作水平,提升服务发展水平,提升学校治理水平,提升校园建设水平,提升国际化水平。

总而言之,我们要做的就是建立健全育人体系,加强顶层设计,创新就业思路,打好就业组合拳,依托自身专业优势与办学特色继续与相关企业开展深入、广泛、务实的合作,校企双方定期互访交流,构建人才培养与输送的长效机制,竭力打通洛科学子从校园走向社会的

"最后一公里";以提高质量、促进就业为着力点,大力开展从行业到专业、从企业到职业的产教融合的校企合作,培养一大批厚德博学、内心充盈、敏行善言的高素质技术技能人才。

3. 坚持"立德树人,德技并修"的育人目标

洛阳科技职业学院坚持"以学生为中心",围绕"建'双高',升本科,办高水平职业技术大学"的战略目标,提出了"立德树人,德技并修"的育人目标。为实现这一目标,学校加强专业建设,加快构建纵向贯通、横向融通的现代职业教育体系,把握新工科建设内涵,以提高质量、促进就业为着力点,大力开展从行业到专业、从企业到职业的产教融合的校企合作,培养一大批厚德博学、内心充盈、敏行善言的高素质技术技能人才,支撑和服务区域经济发展。

"立德树人,德技并修"的育人目标,即要求从思想层面、教育层面、发展层面共同努力培养高质量人才。在思想层面和教育层面注重加强教师与学生之间的联系,在育人层面和发展层面增强实践与沟通。"立德"出自《左传》中的"大上有立德",即教育的最高级目标就是培养受教育者形成良好道德品质;"树人"则是出自《管子·权修》中的"终身之计,莫如树人",即人这一生最重要的计划,莫如造就人才、培养人才。由此看来,"立德树人"为新时代的教育提出了更高要求。

为更好实现育人目标,我们要以专业和课程建设为核心,以"产教融合,协同育人"为路径,不断优化人才培养模式,从优化教学内容、完善评价体系等方面进行教学改革,树立OBE教育理念,突破传统的教育模式,多元化、多方面培养和考核学生的综合能力与素养,让学生在评价中获得成就感,不断增强自信心,激发学习动力,使学习成效显著提高。

在这样的育人政策下,学校全体人员要砥戈秣马,踔厉奋发,凝聚共识,深化改革,加速推进"立德树人,德技并修"育人目标的实现。

"三全育人",是全面落实"立德树人"根本任务的必由之路。真正转变观念,广泛凝聚共识,切实把思想和行动统一到全面落实立德树人根本任务的重大要求上,统一到变革高校育人模式的深入思考中,凝聚力量推动书院制改革。同时,增强育人导师体验,帮助育人导师解决实际问题,持续为教师及学生搭建新的平台,畅通育人导师发展路径,在聚焦育人实效的同时,将党团建设、特色工坊建设、学生书院活动等工作做好做实。

学校不断在职业教育中深化文化育人的理念,将职业道德教育、人文素养教育贯穿人才培养全过程,使学生在获得知识和技能的同时提升人文素养。

学校育人目标的实现,需要每一位学生工作者的努力与付出。育人导师、生活导师等应携手一起,走出属于洛科自己的一条育人之路,帮助学生,发展学校。

社会对民办学校和职业教育的歧视依然存在,而我们若要走出一条不一样的育人之路,就必须坚持"三全育人"的育人理念,全员全过程全方位育人。"三人行必有我师",洛科的发展势头逐渐强大,在民办职业教育里迎头赶上,抓住政策、革新思想、踔厉奋发,努力为职业教育的良好发展增砖添瓦。同时,充分利用校、企两种教育资源和教育环境,通过顶岗实习、工学交替等形式,使学生的理论学习与企业的实际需求结合起来。这样,学生才能加深对企业文化的了解,真正成为"下得去、用得上、留得住"的技术技能型人才。在此基础上,学校不断深化文化育人,将职业道德、人文素养教育贯穿人才培养全过程。除此之外,还要坚持职业教育的基本范式,即"六个坚持":坚持立德树人、德技并修;坚持产教融合、校企合作;坚持面向市场、促进就业;坚持面向实践、强化能力;坚持面向人人、因材施教;坚持政府统筹、多元办学。

(三)落实育人理念的举措

学校想要稳步发展,就不能禁锢思想,更不能只有一个方向。洛阳科技职业学院育人理念,正是在摒弃老旧思想,杜绝固定思维,因势而行、随势而动、探索式发展的基础上形成的。同时,透过育人结果来发现育人过程中存在的问题,按照发展—创新—再发展的循环方式,逐步形成一套合理又能付诸实践的育人体系。在这个过程中,育人工作深入人心,最终人人讲洛科,人人育人。

洛科在育人方面建立了很多平台,其中,"洛科大讲堂"作为洛科最为经典的育人平台,它的影响力正在逐步扩大。从2020年起,洛科大讲堂举办了一系列讲座,丰富了学生的知识,增强了学生的学习能力。三年时间,学校定期邀请知名专家学者到校开展讲座,已开展专题讲座26场。讲座内容涵盖面广,涉及办校目标、校社合作、教师发展、学生学习、学生生活等方面,不仅传授了先进教育理念和工作经验,还提高了学校师生的道德素养,帮助学生健全人格,营造了奋发、创新的校园氛围,有效促进学校各项事业不断发展。

与此同时,洛阳科技职业学院还将育人理念与洛科大讲堂等育人平台紧密结合,透过育人现象挖掘育人本质,在"三全育人"的过程中依据洛科的实际情况完善育人方式和明确育人导向。

二、洛科书院育人理念

职业教育的发展要抓住机遇,依托书院制的育人优势,敢于打破原有的教育体系,进行人才培养,让技术技能人才支撑国家的发展。

(一)书院育人理念的发展

1. 书院制改革的初步举措

在学术界,"书院制"多指借鉴了西方高校住宿学院的办学模式,同时,又继承了我国古代书院优秀传统经验而建立的一种跨专业学院的学生教育管理制度。住宿学院是一种高校学生社区生活管理模式,其主要以宿舍楼为生活社区,以学生宿舍为管理平台,用"不同专业、年级混住"模式对学生实施通识教育。从实际情况来看,书院制改革在国家层面得到了高度认可,同时在高校的发展中取得了显著成效,国家各级教育部门均重视并鼓励高校实行书院制。

纵观书院制在全国的实行,大多公办学校的书院制,不是面对全体学生进行育人实践,而只是一个象征性的存在。有少部分书院实行俱乐部的形式,是精英化的、传统化的、不平等机制下的书院制。而反观西方书院制，是全员的、丰富选择性的。那么我国的书院制想要长足发展，就需要走创新之路。

2. 书院制的推行与实施

书院制的推行是高等教育进行改革的积极探索和有效尝试。洛阳科技职业学院顺应国家书院制改革要求，从2021年起积极探索书院制改革，为特色职教书院建设贡献力量，努力成为职教书院典范。

洛科提出的"职教书院"是指基于职业教育院校学生培养目标的且被赋予了职业教育功能的书院制。作为建双高、升本科、飞速发展的洛科，紧跟时代发展步伐，遵守教育规律，迅速开启了书院制改革工作，并经过一段时间的实践探索，摸索出了一整套育人模式。

书院搭建民主、平等的交流平台，致力于服务学生学习生活的各个层面。学生除了在学院学习专业知识和技能外，其他方面的培养均在书院完成。导师走进书院，参与学生思想教育、生活引导，教会学生进行独立思考和创新实践。

我国的书院制有许多共通之处，都以宿舍为主组建活动场地，开展教育管理活动，设施的配备以求凸显主题特色，将"第一课堂"与"第二课堂"相互融通，完善管理机制，切实为学生着想。

3. 构建职教书院制育人体系

洛阳科技职业学院深入推进书院制改革，同时，各书院也紧紧围绕"学院—书院"双院育人、"政—校—行—企"协同育人发展模式全方位落实立德树人、"三全育人"理念，打造扎根中原大地的职教书院典范。

结合我国高校书院制的内涵建设要求,洛阳科技职业学院的书院制是与"第一课堂"相互衔接的,书院、学院双院并行,分工明确,积极推进全员书院制改革。书院完善育人平台,围绕学生的核心素养发展,促进学生的全面发展。

洛科书院要不断凝聚改革中的共识和力量,强化担当作为,加强文化建设,扎实推进育人工作。洛科书院要运用开放性、发散性思维,积极探索人才培养新路径,全面推进育人模式改革,促进学生全面发展,把全员育人、全过程育人、全方位育人不断推向纵深,走出一条具有鲜明特色的书院发展之路。

4."三全育人"理念助力书院育人

近年来,"三全育人"在全国教育政策的引领下逐步深入教学实践,而"三全育人"也是在"立德树人"根本任务的基础上提出的育人理念。"三全育人"要把提升核心素养、提高学习能力、提升学术水平、提高创新能力结合起来。

(1)书院沉浸式生活

在洛科书院,全过程育人体现在一体式生活、教学中。生活导师深入学生中照顾学生的衣食住行等;育人导师进行学生的兴趣培养,注重理论的实践化;朋辈导师与学生建立良好关系,共同进步,形成尊重自我、尊重他人的良好氛围;党员导师在学生中间发挥模范带头作用,树立正确的党团观念,引领学生拥有正确的世界观、人生观和价值观。

打造青年友好型职教书院,就要实现全过程育人。从学生入校至毕业,在各类活动中,导师都要帮助学生端正思想观念、做好心理辅导、加强师生密切合作等,做到时时育人,事事育人。

(2)书院融合式育人

融合育人即全方位育人,学生除了学习在学院,其他活动全部在书院内部完成,做到学寝合一。书院内部除了宿舍外还设置了休息区、阅读室、团建党建活动室,突出了宿舍内外的多方协作,实现处处育人,面面育人。

(3)书院协作式体验

学院与书院双院协同育人,做到上至书院院长下至学生本人统一协作,重点强化师生互动带来良好的互动体验。书院内部,全员育人体现在育人导师和生活导师双管齐下育人,同时朋辈导师参与育人过程,朋辈以老带新,使新生迅速融入学校的环境中,体现全面性、持续性的全员育人,人人育人。

高校的育人体系庞大而又复杂,总的来说,要始终围绕"三全育人"进行体系建设。在洛科书院,"三全育人"教育理念得以充分落实。通过全员、全过程、全方位育人,师生合力,共同成长。

(二)书院育人理念的定位

在定位书院的育人理念之前,我们首先要考虑的是为什么要建立健全书院制育人理念?洛科坚持以"成为最以学生为中心的大学"为最终目标,那么,书院在育人过程中要让学生感受到"以学生为中心"的理念,久而久之,这种理念在潜移默化中便会深入教师和学生的思想里。要实现这一目标,可以从以下几个方面入手。

以思政教育为核心,加强各个书院的党团建设,在学生日常思想教育工作中,积极培育和弘扬社会主义核心价值观,积极引导学生写入党申请书,向党组织看齐。

以技术技能培养为导向,通过工坊加强通识教育,拓展学生的技能。

以人文素养培育为基础,把学生的综合素质培养落到实处,书院内部的活动以学生为中心开展,将书院课程与活动紧密结合。

以主题工坊为依托,完善工坊育人模式,构建"三全育人"新模式。

以特色活动为载体,扩大学生的交友圈,丰富学生的课余生活。

以书院文化浸润学生心灵、启迪学生思想和丰富学生精神,让文化凝聚人心并成为焕发活力的源泉,使学生身处文化自信的环境中不断提升自己,成为厚德博学、内心充盈、敏行善言的高素质技术技能人才。

书院制的育人理念与管理模式将"立德树人"与"三全育人"的实践推向了一个新的起点,在书院与学院双院协同管理与发展的背景下,书院的育人体系逐步完善,职责逐渐清晰。书院制育人体系为学生创造了更大更广的社交范围,同时各种社交活动的开展促进了学生的身心发展,并且拓展了人脉,增加了学生全面了解学校、了解同学的机会,丰富了学生的生活,给学生提供了优质的发展平台。这些都是书院制育人的优势。

在"三全育人"新模式的构建中,教师要充分发挥带头作用,充分调动学生的积极性,勇于参与,敢于拼搏,体现"全方位育人"。学校还要免费开设各类传统文化课程,让学生自由选择,例如学校的"书法夜校工程",免费教学生们书法,让学生们学习中国优秀传统文化,既能丰富学生们的课余生活,又能满足学生们的精神文化需求。体现了"全过程、全员育人"。

通识教育课程培养学生成为拥有独立人格、自由思想的人,使他们自由全面发展。书院通过开设通识教育课程进行文化熏陶,影响学生的思想、观念、情感、态度等,增强学生的独立思考能力,从而促进学生综合能力的提高。学生在通识教育课程和书院环境熏陶下学做人、学专业、学怎么把知识进行实践。

书院制教育有利于去除"重知识传授,轻人格养成"弊端,追求"求学"与"求道"相统一。书院制教育打破专业和年级界限,实现学生多学科、多年级的广泛交融,全面促进学生成长成才。

未来洛科将全面推行书院制,并以此为突破口,为"成为扎根中原大地的职教书院典范"这一目标而深化综合改革,全面提高人才培养水平。学校将以学生为中心,把书院建成课外育人的示范区、文化育人的试验区、合作学习的拓展区、师生共享的新社区,构建思想道德、社会适应、思想表达、思维创新、领导策划五大培养模块,建立师生共同成长体,形成思政教育与素质教育、实践教育、养成教育相融合的育人体系。学院重"教",书院重"育",双院协同、双轮驱动的特有人才培养生态系统,将培养塑造、浸润熏陶融为一体,将学问探究、人格养成集于一体,打造高质量的"第二课堂",为"第一课堂"提供有效支撑。作为新时代的教师,作为书院的育人工作者,我们要踏实肯干,牢记教育使命;坚定初心,坚持立德树人,坚守信念,坚定目标,以"奉献者"精神为引领,用实际行动展示新时代教育工作者的责任担当。

洛科大力推进"学院—书院"双院育人,学院、书院交叉融合,引导学生成才。洛科书院将从实践中积累经验,创新理论,用科学的态度推进书院制改革,以就业为导向,走出一条具有职教特色的书院制改革新路径,努力成为扎根中原大地的职教书院典范。

(三)书院育人理念的内涵

洛科书院坚持全面贯彻党的教育方针,落实"立德树人,德技并修"育人目标,秉承"以父母之心育人,帮助学生成就梦想"的办学宗旨,践行"理实一体,知行合一"的校训,坚持"认同、尊重、激活"的育人理念,以思政教育为核心,以技术技能培养为导向,以人文素养培育为基础,以主题工坊为依托,以特色活动为载体,构建"三全育人"新模式,培养厚德博学、内心充盈、敏行善言的高素质技术技能人才,努力成为扎根中原大地的职教书院典范。

1. 落实"立德树人,德技并修"育人目标

党的十八大提出要把立德树人作为教育的根本任务,职业教育法定位职业教育要培养高素质技术技能人才。"立德",坚持德育先行;"树人",引导学生树立良好的世界观、人生观、价值观;"德技并修",即在立德的基础之上用科学的方法帮助学生快速学习技能技巧,实现德育与智育共同进步。

作为教育工作者,在工作中要讲究方法,要用真心实意和真情实感面对学生。对学生的关心要细致又全面,处理学生问题不能只是一味地管理与约束,而要进行引领、服务、帮助和疏导。教师要以爱育人、以德施教,同时通过"全面发展+培养创新"的学生干部培育模式,促进学生全面发展,引领学生全面成长。

教育没有固定模式,积极探索育人方法,在教育中重视培养学生的创新思维,以创新书院制培养创新之人才,以创新之人才助力创新型社会建设,是全体洛科人的使命和追求。

2. 秉承"以父母之心育人"的办学宗旨

"以父母之心育人",首先,要求教师教育学生、爱学生,这是教师的本职工作。其次,要求学校、社会等关心和关爱职业类学校的学生。在传统观念中,职业类学校的学生可能是高考的失利者,但是他们也是潜力无限的受教育者,学校除了给予他们充分肯定,还应在专业技能提升上下功夫,这也是职业教育存在的意义。最后,为了培养学生的集体主义思想和社会适应能力,职业教育应该给他们更好的平台来提升这些方面的能力。

以父母之心育人,帮助学生成就梦想。学校教师的工作性质应该由"事务性"向"专业性"转变,立足实际,注重学思践悟,不断提升育人水平。教师应理解学生思想,贴近学生生活,与学生分享生活感受,深入细致地做好学生心理疏导安抚工作,经常到宿舍与学生谈心谈话,从而全面掌握他们的身心健康状况,确保学生身心健康。教师要始终以严谨的态度面对日常工作中遇到的问题,认真解决学生们在生活与学习中遇到的困难。要关爱弱势学生群体,激励他们自立自强、拼搏奋斗。教师要不断提高自己的工作能力,协调师生关系,注重培养师生感情,提高办事效率。要有极强的责任感,尽自己所能,帮助莘莘学子成长成才。

3. 践行"理实一体,知行合一"的校训

"双院制"育人,即学院与书院共同育人。洛科书院是具有职教特色的书院,那么书院内的工坊就要有鲜明的职教特色。工坊内部按照职业教育的特点来打造,工坊里的课程要作为学业课程供学生选修,纳入学分,最后以表演、展示等形式呈现出来。

书院的古琴表演与琴斫制作工坊从创办至今,通过古琴制作、古琴销售等教学活动,培养了学生的学习能力、动手能力、销售能力和社交能力,从制作、演奏到销售,学生学习后直接拥有了创新创业的能力。同时,做琴过程也无形地让学生体会了职业精神,为以后创新创业打下基础。工坊要做到与就业导向紧密相连、与能力导向相互承接,从而提升学生的实操能力和创造力。

除此之外,书院还积极推进思政教育。思政教育是落实立德树人根本任务的关键一环,思政课堂作为坚定学生文化自信的重要阵地,为了增强对学生的吸引力,教师要积极推进思政课程改革创新,不断优化教学模式和方法。

4. 践行"认同、尊重、激活"育人理念

洛科书院成立之后,传统意义上的辅导员进入了书院,与生活导师和育人导师共同承担育人任务。育人,是教育者在与学生的互动交流中完成的,育人理念承载了一个学校的育人方向。洛阳科技职业学院的"认同、尊重、激活"这三个层面的育人理念,最核心的内涵就是师生的交流。

"认同、尊重、激活"体现在书院育人的各个方面。作为教师,为人师表,要做到行事作风优良,主动加强个人思想道德修养,讲操守、重品行,同时带动学生一起成长。我们应该时刻牢记一名人民教师的初心和使命,在学生工作上兢兢业业,求实创新,同时加强学习,开拓进取,用自己的实际行动展现一名教师的责任担当,帮助学生扣好人生第一粒扣子。尊重,认同,然后激活。

为了贯彻育人理念,教师应当采取多种措施(例如,每周召开一次主题班会)主动了解学生的愿望和需求,掌握学生的思想动态和生活情况,有针对性地帮助学生处理好各方面的具体问题。首先,每个学期开课前,二级学院的教师与书院的辅导员要充分了解学生的专业背景、学习要求、思想状况等,有的放矢,做好教学设计;其次,做好"备课堂",用学生听得懂、能接受的话语授课,将思想政治教育落实到学生学习生活的点点滴滴中;最后,要做好"备能力",注意问题导向,通过讨论,培养学生独立思考、辨别是非的能力。除此之外,应多树立先进典型,激励学生向身边的榜样学习,引导学生在筑梦成长中感受道德风范。另外,可以通过举办精彩课堂大赛等,加强社团活动,无形中唤醒学生的求知欲，打动学生的心灵。培育学生的思想和情感、态度，从而实现"认同、尊重、激活"育人理念。

"尊重、认同、激活"的教育理念在洛科工坊的教学实践中已有很好的体现。笔者在走访育人导师时了解到，育人导师育人理念中的"尊重"，体现在工坊的教学中就是让学生在不偏离主题的情况下尽情发挥自己的想象去创作，尊重学生的想法，不限制学生的创作形式，让他们能够在学习专业技能的同时，充分发挥自己的才能、想象力。育人导师在带学生的同时，还要和班委多进行思想上的沟通和交流，并且积极采纳学生的意见和建议。育人导师既是学生的老师，也是学生的知心朋友，要和学生成为"最佳搭档"，一起成长和进步。

走访生活导师时，我们发现生活导师与学生的日常生活联系更加紧密，因此，学生与导师间的认同感很强。大部分生活导师认同"柔性管理""赏识教育"等常态育人理念。在行动上，生活导师常与学生进行交流和沟通，在日常交流中实现育人。"认同、尊重、激活"这六个字虽然简单，但都是日常生活中培养学生的基准。

走访工坊导师时，我们发现工坊内部对学生动手实践能力的培养比其他的理论课程要多，从"激活"层面来讲，能充分发挥学生的想象力。工坊导师引导学生主动参与学习与实践，发挥学生的主观能动性，因此，在"尊重"这方面，除了在日常的教学中对学生多加关爱，更重要的是尊重学生的人格和思想。

在走访过程中还有很多朴素温暖的育人故事，育人导师、生活导师和工坊导师的任务和目的明确，时时刻刻为学生着想，站在学生的角度思考问题,一直为践行"认同、尊重、激活"的理念努力,这体现了育人理念中的核心内涵"以学生为本"。认同、激活、尊重每一个与众不同的个体,使职教生重塑自信,突破自我,这才是"尊重、认同、激活"理念的真正作用。

第四章
洛科书院文化体系

"文化"的定义有多种,广义的定义是人类在社会实践过程中所创造的物质财富、精神财富的总和。从内在逻辑层次上说,文化有物态文化、心态文化、行为文化、制度文化四个层次。

新时代,高等教育应具有人才培养、科学研究、服务社会、文化传承创新四大功能。高校的教书育人、管理育人、服务育人和环境育人,归根到底就是文化育人。文化育人的最核心任务是为国家培养具有正确世界观、人生观、价值观与具有创新精神和实践能力的全面发展的人才。高校完全可以将一位具备基本文化基础的人培养成一个掌握人类文化精髓、具备一定专业技能和文化创造力的"文化人"。所以,从这个意义上看,高校既是文化的创造者,也是文化的传承者。

一、洛科书院文化体系构建

每所高校的文化都是这所学校在长期办学实践过程中逐步积淀和创造的,是以知识及学科(专业)为基础,结合本土文化与国际文化形成的结果。因此,所谓高校文化,是高校所有物质财富和精神财富的总和,是学生生存和发展的根基。

(一)洛科书院文化体系建构逻辑

洛科书院文化体系建构以洛科发展实际为基础,以凸显学校特色办学为原则,聚焦"宗旨、愿景、校训、核心价值观、培养目标和育人模式"六个方面。

高校文化体系属于办学思想、办学理念和大学精神层面的价值范畴。价值范畴主要彰显的是学校的办学定位、人才培养目标以及高校在教育管理和发展实践过程中形成的独特个性与文化精神。

高校文化体系属于外显性的以学校校徽、学校愿景、学校校训校歌等为代表的形式范畴。形式范畴是学校教育理念与价值取向等文化体系的诠释性、外化式的凝练表达,可以通过文化标识性符号等表现形态,解读和呈现学校精神内涵与文化意蕴。

高校文化体系属于被社会普遍认同的包括思想品德、教育水平和学习风尚等所呈现的校风校纪、教风学风等聚合成的向心凝聚力和整体素养的能力实践范畴。

(二)洛科书院文化建设标准

1. 体现洛科定位与特点

洛科发展的战略目标是"建'双高',升本科,办高水平职业技术大学",其文化理念也应紧紧围绕这一重大战略目标而迭代升级,凝聚发展共识,体现洛科的定位与特点。

2. 展示创新性和引领性

洛科地处中原,在中原深厚的文化底蕴引领下,在洛阳副中心城市经济飞速发展的带动下,不断创新发展。

为顺应职业教育发展新要求,凝聚发展共识,提炼构建符合洛科"十四五"战略规划发展要求的文化理念体系,学校发展规划处精心调研、深入分析,并在以刘丽彬校长为组长的专项工作小组多轮研讨的基础上初步形成了《洛科文化理念系统分析及建议报告》。洛科文化理念体系全校征集活动和专项研讨会的意见可概括为三个方面:第一,校训中"理实一体"释义仅解释文化渊源而对职业教育的特性未做阐述,建议对释义内容进行补充。第二,文化理念体系培养目标应多体现为党育人的政治思想。第三,文化理念体系应更多落到执行层面,对学生的主体地位要有所反映,体现理念体系对学生积极向好的影响作用。结合该次会议的意见,学校进一步完善文化理念体系内容,并最终确定了学校文化理念。

(三)洛科书院文化理念系统

高校文化对于学校发展有极其重要的意义,犹如人类的思想和灵魂,起到凝聚人心和焕发活力的作用。真正有创造力和影响力的高校会构建强大的文化理念体系,衍生出深厚的文化力量,凝聚人心,发挥潜移默化的教育作用,使学校呈现出卓越品质和个性风采。

洛科书院作为洛科发展重要的一翼,采用"文化+"的理念建构自己的文化体系并助力洛科文化建设。

洛科书院育人空间是以公寓为核心拓展的,作为唤起生命自觉的生活育人场所,与洛科专业学院形成了双院协同育人场所。双院协同育人,共同促进学生的身心健康和培养学生的专业知识技能。经反复论证与实践探索,洛科书院在传承洛科文化理念的基础上,形成了自己的文化特色。

书院愿景:成为扎根中原大地的职教书院典范

书院院训:扎根中原　光耀四方

主题特色:厚德博学　内心充盈　敏行善言

(四)洛科书院文化承续创新

洛科书院文化是在传承洛科文化的基础上形成的。

洛科文化精神是指导书院工作的灵魂,是育人团队对管理工作的深层精神追求,是对行为准则具体的认知反馈,决定着书院管理工作是否有灵魂,是否有感召力。洛科文化精神影响着书院师生的价值判断、思维方式、行为方式。

书院管理以洛科文化管理模式为基石,是从不同角度对洛科教育使命的认知与实践。所以,无论是动机情感、认知积淀、心理意志、人格品位,还是思维习惯,都应以先进的洛科文化模式为基础,只有这样才能正确处理问题,才不会有片面的认知观点。

书院管理以洛科文化理念为主导,是落实学校教育使命、共同理想、社会责任、价值观念的途径。书院师生对洛科文化的理解、判断,直接影响着工作与学习的动力,影响着思维模式、理性认知、宽容态度等。洛科文化理念凝聚人心,使每个人都得到尊重,使集体与个体的情感和利益都能得到平衡,将每个人的人生价值都与独具特质的、严谨有序的日常管理相结合,从而在共同的文化认同下,实现职教特色的书院有效管理。

书院管理是以洛科文化为依托的,即将洛科文化的认识体系转变成书院管理的工作体系,从而将科学的洛科文化融入书院具体管理工作中,改变教师的工作态度、工作思路和方式,让他们有意识地把洛科文化精神作为认知基础、思想源泉、工作出发点来开展工作。

洛科书院以洛科文化为增强凝聚力和创造力的源泉,并且通过以下五个方面的特色建设,力求推动洛科发展文化软实力。

第一,搭好书院平台,扩大洛科文化影响力。

洛科文化是洛科的灵魂,是体现书院生命力的核心指标。洛科书院是洛科文化的重要载体之一,书院平台是承载洛科核心文化的有形精神产品,是师生体验感悟的重要媒介和文化载体。书院通过特色课程的教学活动、"第二课堂"活动、社会实践活动、主题文化活动等,提升文化品位,外化文化精神,表达洛科的办学理念、培养目标和价值观,彰显洛科文化特色。

第二,构建双院协同机制,合理定位育人职责。

学院承担学生专业知识教授与专业技能培养任务,是学生教育的主阵地；书院负责保障学生课余时间的身心健康，提升核心素养，是创新实践教育的第二课堂。双院协同进行教育管理，分配不同的教育内容给不同平台，双院教育并重，避免出现"重技术技能、轻人格情感，重物质、轻精神，重科学、轻人文"的教育偏失。

第三，以学生为中心营造青年友好校园氛围。

要重视广大学生的主体参与性，要充分尊重并调动师生的积极性，将师生切身利益与洛科发展生存紧密相连，让师生作为主体参与文化建设，让洛科文化建设的重要成果最大限度地得到师生的认同、支持，使师生自觉自愿共建校园文化。

第四，强化核心素养教育，培养职业技能型人才。

洛科重视培养动手能力强、品德优良、人格健全的职业技能型人才。因此，在洛科书院的文化建设中十分重视更正"重智育、轻德育"的错误理念，特别注重对致力于进行学生思想品德教育和核心素养教育的工坊的投入和建设，并以制度与特色模式为基础发挥工坊的导向作用，生成日常行为规范指标和人才培养目标体系之下的辅助教育体系，形成以核心素养教育为主体，思想品德教育为先导，心理健康教育与职业能力孵化为辅助的书院育人氛围。

第五，重视书院与社会的协作，提升学生社会适应能力。

洛科书院组成了五级网格化导师育人团队，并与校外不同领域的专家学者保持密切的互动与联络，尤其是与企业合作，让社会导师发挥教育功能。在校外或在校内，顶岗实习或工坊职业教育，都能在理念和管理上凸显人性化育人特色，培养学生适应社会的能力，减少对未来工作岗位的不适应性。

二、洛科书院文化标识

洛科书院积极探索"三全育人"新模式，彰显书院文化精神，凸显书院育人特色。2022年11月10日，洛科书院文化发布会在新民学堂举行，对书院总院与八大分院的院名、院徽、院旗、书院文化内涵等逐一进行解读。

（一）洛科书院各书院文化符号

洛科书院在借鉴中国古代书院制理念的基础上，吸收西方书院制优点，结合学校发展实际及地方文化特色，形成书院文化符号。

洛科书院总院文化定位：

洛科书院坚持全面贯彻党的教育方针，落实"立德树人，德技并修"育人目标，秉承"以父母之心育人，帮助学生成就梦想"的办学宗旨，践行"理实一体，知行合一"的校训，坚持"认同、尊重、激活"育人理念，以思政教育为核心，以技术技能培养为导向，以人文素养培育为基础，以主题工坊为依托，以特色活动为载体，以书院文化浸润学生心灵，构建"三全育人"新模式，培养厚德博学、内心充盈、敏行善言的高素质技术人才，努力成为扎根中原大地的职教书院典范。

洛科书院以学校内的涧河为界分为东西校区，两个校区各有四个分书院，东校区以人文精神为核心，西校区以科技和工匠精神为核心。洛科书院的结构为"1+8"，即1个总院+8个分院。总院下设八大书院，分别是日新书院、忠信书院、慎德书院、慈涧书院、文远书院、张衡书院、仲景书院、鲁班书院。

八大书院围绕八大主题教育工作实施核心素养教育,各书院文化符号如下:

慎德书院

核心素养:谨言慎行

书院院训:博闻慎思　兼听明辨

主题特色:学问思辨　三思而行　履践致远

忠信书院

核心素养:诚实笃行

书院院训:德技并修　奋发向上

主题特色:忠诚信仰　坚定信心　奋斗青春

慈涧书院

核心素养:慈爱奉献

书院院训:自强不息　砥砺前行

主题特色:至真至善　至美至诚　至行至远

日新书院

核心素养:国际视野

书院院训:格物致知　志存高远

主题特色:国际理解　交流交往　合作共赢

文远书院

核心素养：数字思维

书院院训：目尽毫厘　心穷筹策

主题特色：数智融通　科创融合　德技并达

仲景书院

核心素养：健全自我

书院院训：勤求古训　博采众方

主题特色：规划人生　健全人格　发展身心

张衡书院

核心素养：未来思维

书院院训：人生在勤　不索何获

主题特色：探寻未来　设计未来　创造未来

鲁班书院

核心素养：实证探索

书院院训：匠心至臻　德技双馨

主题特色：勤于求证　善于制作　敢于创造

综合来讲,八个分书院的核心文化是发挥"书院—学院"双院协同育人作用,以思政教育为核心,以技术技能培养为导向,以人文素养培育为基础,以主题工坊为依托,以特色活动为载体,以书院文化浸润心灵,对学生进行文化培养,让每一个洛科学子都具有国际视野,谨言慎行、诚实笃行、慈爱奉献,具备数字思维、未来思维,自我健全、实证探索。

(二)洛科书院各分院院徽院旗

书院院徽、院旗是书院文化的重要组成部分,是书院文化内涵、文化精神的形象标志,是体现书院特色、凝聚师生力量、激励师生开拓创新的精神旗帜。

1. 洛科书院总院院徽、院旗释义

总院院徽、院旗释义:以学术红为主色调,象征庄严、吉祥、沉稳、权威;又代表阳刚、热烈、浓郁和美好。双色同心圆三重叠加,主图是洛科鼎精神图腾纹样,鼎纹完整一色,洛科书院总院院名与院训,依中环环绕四周。寓意书院总院应肩负起充当洛科教育品牌和书院精神象征的重任,具备多元融通的领导力、凝聚力和执行力。

洛阳科技职业学院书院总院院徽

洛阳科技职业学院书院总院院旗

2. 洛科书院分院院徽院旗释义

八大书院的文化内涵各有不同,东校区的四大书院传承"洛科鼎"文化,院徽院旗分别象征"洛科之眼""洛科之耳""洛科之翼""洛科之角";西校区的四大书院围绕"大国工匠"主题打造,凸显工匠精神、科技精神。

(1)慎德书院院徽、院旗释义

慎德书院院徽、院旗以活力橙为主色调,象征凝聚青年之力量,激发青春之活力。作为学校八大书院之一,慎德书院院徽中心图案为"洛科鼎"文化图腾的局部,重点突出"洛科之耳"博闻慎思、兼听明辨的特色。

慎德书院院徽、院旗

(2)忠信书院院徽、院旗释义

忠信书院院徽、院旗以黄色为主色调,黄色象征阳光、活力和健康,与忠信书院处于学校中央方位的地理位置相符。展现出书院忠诚守信、广纳四方、精诚团结的特色。三重同心圆中心的图案为"洛科鼎"图腾的局部,着重突出"洛科之翼",双翼展翅翱翔,忠信书院院名与院训"德技并修、奋发向上"环绕四周,共同展现书院重诚、重信、重德行的教育情感。图案凸显了忠信书院核心素养——诚实笃行,彰显了忠信书院学子忠诚于信仰,坚定信心,奋斗青春的新时代中国大学生面貌。

忠信书院院徽、院旗

(3)慈涧书院院徽、院旗释义

慈涧书院院徽、院旗以初心红为主色调,红色象征书院师生乐观奉献、奋发进取的精神面貌。图案中选取中华民族传统文化的圆环经典元素,象征着"圆满"与"和美"。其以洛科鼎的兽面纹为主图案,凸显"洛科之角",象征在书院总院引领下,慈涧书院的使命与担当。书院的院徽、院旗诠释了其核心素养——慈爱奉献,寓意慈涧书院学子自强不息、砥砺前行,在奋斗中不断重塑自我,追求圆美人生。

慈润书院院徽、院旗

(4) 日新书院院徽、院旗释义

日新书院院徽、院旗以绿色为主色调，绿色象征青春生命，与日新书院所处东方方位相符。突出了朝阳升起，万物生机勃勃的新气象。三重同心圆中心的图案为"洛科鼎"纹样中的"洛科之眼"在中心瞭望四方，日新书院院名与院训环绕四周，共同表现书院的新生命、新气象、新生态。凸显日新书院核心素养——国际视野，展示日新书院学子胸怀祖国、放眼世界、海纳百川、目标高远、勇立潮头的时代前列之朝阳形象。

日新书院院徽、院旗

(5)文远书院院徽、院旗释义

文远书院院徽、院旗以紫色为主色调,紫色象征权威、声望、自信与尊贵,主要体现出书院师生沉思笃行,触动内在热情并化为行动力的特点。根据"π"你而来,青春有我的设计理念,图案上部分以"π"融合古风书院的形象与文远中"文"字的篆体进行艺术字变形,精巧构思。图案中心下方的设计灵感为文远拼音的首字母"W"与海浪相结合,寓意坚持不懈、勇往直前的奋发精神,此种精神与"文"字结合代表着自由奔放、积极向上。

文远书院院徽、院旗

(6)仲景书院院旗、院徽释义

仲景书院院徽、院旗以白色为主色调,院徽图案整体提取学校校徽"洛科之花",象征着人文之花,未来之花。周边环绕"勤求古训,博采众方"的院训,体现仲景学子遵循自然规律,学习他人的长处,合理规划人生,身心健康发展。

仲景书院院徽、院旗

(7)张衡书院院徽、院旗释义

张衡书院院徽、院旗以智慧青为主色调,其象征着青涩、稚嫩、纯真、充满无限希望的张衡书院学子,院徽画面自上而下以学校力量大厦为主体,依据中式建筑对称理念,以"衡"字为创作原型形成稳定的整体结构,周边环绕院训"人生在勤,不索何获",希望书院莘莘学子在生活和学习中不断思考,积极探索,敢于突破,敢于创造。

张衡书院院徽、院旗

(8)鲁班书院院徽、院旗释义

鲁班书院院徽、院旗以科技蓝为主色调,院徽整体与"书"字的繁体形式相似,轮廓为古建筑样式,同时也是"鲁班"两字的艺术变体。院徽上方是由榫卯斗拱结构的特征抽象而成,中间部分借鉴了鲁班锁的样式,富有中国传统建筑的美感,而"鲁"的下半部分也与上方呼应,是一个拆解后鲁班锁的一部分,整体是中国国家馆的一个缩影。其整体设计理念融合"鲁班精神、鲁班制造、文化传承"于一体。

鲁班书院院徽、院旗

（三）洛科文化标识的传播

洛阳科技职业学院有特色突出的文化标识,而洛科书院的文化标识是在传承与发扬洛阳科技职业学院文化精神基础形成的。

1. 解读洛科鼎

"洛科鼎"由三个部分组成,包含一鼎(洛科鼎)二浮雕(河图洛书浮雕与丝绸之路浮雕)。

洛科鼎在整体形态结构上,继承了洛阳鼎的特征,洛科鼎"一鼎、双耳、四足、八棱"的形态有专属的文化解读:一心(赤诚之心),双耳

(科技、人文),四足(厚德、博学、敏行、善言),八棱(逐梦八方)。

一心 / **赤诚之心**
双耳 / **科技+人文**
四足 / **厚德 博学 敏行 善言**
八棱 / **逐梦八方**

洛科鼎形态示意图

"鼎"作为中华民族的文化瑰宝,是深厚的人文底蕴与精湛的工匠技艺的体现,也深度契合了洛科"人文+科技"的文化理念。洛科鼎对内将成为激励和引领一代代洛科人开拓进取、奋斗不息的精神图腾;对外将践行洛科服务于国家的战略,践行为党育人、为国育才的教育使命,培养更多的大国工匠、能工巧匠。

2. 解读洛科鼎铭文

铭文又称金文、钟鼎文,指铸刻在青铜器物上的文字,古人往往将国家或宗族的大事铭刻在青铜器上。它是华夏文明的瑰宝,因为具有极其丰富而确凿可信的史料价值,显得更加珍贵。

中国古代的早期文字多以阴刻方法呈现,如甲骨文、石刻文、陶文等。商代到春秋时期的青铜器铭文一般为铸造成型,战国秦汉时期的青铜器铭文,大都为錾刻制成。考古出土资料表明,青铜器铭文产生于商代早期,在商代中期逐渐兴盛起来,至西周时期达到鼎盛,出现了大量铸铭青铜器,铭文内容丰富,鸿篇巨制屡见不鲜。因此,西周青铜器的珍贵价值,除了它造型艺术和装饰艺术上的成就外,更突出地表现在大量长篇铭文上。

下文为洛科鼎铭文:

洛科鼎铭

洛科卅五,吉金天呈,兹仿周制,安鼎勒铭。

黄帝肇始,九州禹定,金纳九牧,尊铸九鼎。

三代重器,国之象征,瑞兽相佑,万物通灵。

洛科宝鼎,古今并融,以物载志,化人有恒。

因材施教,主旨琅琅,百秩学宫,华实盈盈。

黄河悠悠,涧水清清,鼎立庠序,光耀寰中。

洛科鼎铭文由资深研究员、博导、全国知名考古学家、商周青铜器专家、金文学家蔡运章,洛阳市博物馆原副馆长、研究员、硕导、青铜器研究资深专家高西省,洛阳理工学院教授、博士、硕导、西周青铜器研究专家刘余力,洛阳市文物考古研究院汉魏研究室主任、中国考古学会秦汉专业委员会委员、郑州大学硕导、研究员严辉等学者作为主创团队共同完成,以简洁的铭诗,印证了"洛科鼎"铸造初衷与文化意义,是"洛科鼎"铸造的历史见证。

3. 解读洛科赋

《洛科赋》

西襟函谷,东枕神都。绾依丝路,蟠踞名区。结楼阁于神阙,嵌胶黉之明珠。涧水璧流,唤采芹之骥子;学堂高矗,迎入泮之凤雏。两院相依,形如太极;三桥互望,状似云衢。承三合图之地脉,列八书院之星枢。沐焦桐之晖光,修身求学;纵青要以极目,励志读书。赫赫乎名驰八表,桓桓兮秀出九隅。赖崤函之王气,呈盛世之宏图。

若夫兴校理念,达远寄深。实用为先,俾理实于一体;知行合一,育梁栋以千寻。情钟桃李,意寄学林。以圆学生之梦,以遂父母之心。立操则惟诚是务,设教则非用不歆。慧眼识珠,唯才是适;精心造化,至教成金。爰乃映肝胆兮玉壶,下帷谆诲;育椒兰兮瑶圃,入室敬钦。怀三春之晖,树人必先立德;振百年之业,行教当自披襟。洵乃三绝韦编,勉人师以蹇蹇;一覆进篑,励学子而骎骎。

至乃定鼎立纲,建标设矩。筑学校之图腾,构精神之栋宇。旨在育俊才,舒逸羽。飞凤鸾,腾龙虎。强识博闻,勤思精悟。才情兼备,以学子为中心;德技并修,以人才为要务。效君子而善言,合时代之期许。自强不息,使内心之充盈;勤勉有为,向长天而翔鬻。是乃育人之道,必尊鸿硕之良师;兴国之功,当推卓然之学府。

嗟乎!兴骏业之千秋,期于教育;谋中华之万代,寄以鸿庠。方今欣逢盛世,正值荣昌。不负使命,会须担当。幸有随车之雨,宁无叱驭之骧。既逢天赐,岂负众望。擎大业复兴之帜,启青年友好之航。继而谋良策,计妙方。铭金鼎,赋华章。以至于炳焕鸿猷,立中原而勃发;昭垂燕翼,向四海以蜚扬。

第一段概括地描写洛科的地理地貌、环境气象。第二段描写办学理念,主要包括理实一体,知行合一;父母之心和成就梦想;立德树人与因材施教。第三段描写办学实践,定鼎立纲,构建时代图腾与精神大厦;以学生为中心,德技并修;培养学生使其内心充盈、敏行善言;争创高规格的学府。第四段描写洛科的愿景、使命与责任担当,向着既定目标勇往直前。

洛科赋具有鲜明的艺术特点:

其一,篇幅短小,句式多样。《洛科赋》正文不含标点501字,文章越短,难度越大,每句每字的含义越广。这就要求创作者要具有超强的文字驾驭能力。虽然采用的是骈赋形式,但就"对偶""用典""声律""辞藻"方面接近于律赋。律赋一般字数在四百至六百字之间,该赋五百字,与律赋特征完全吻合,区别是没有限韵字。所以该赋形式为骈赋,实则以更高的律赋标准创作而成。

其二,章法严谨,文脉流畅。《洛科赋》共分四段,首段概括地描写了洛科的地理地貌及环境气象,通过铺陈手法勾勒出一幅生机勃勃的校园图画。第二段则重点指出洛科"理实一体,知行合一""以父母之心育人,帮助学生成就梦想""立德树人与因材施教"的办学理念和教师的情怀。第三段通过对办学实践的描述,重点凸显了以学生为中心,德技并修、厚德博学、内心充盈、敏行善言。末段是感慨和议论,重点描写了洛科的愿景、使命与担当。该赋巧妙地使用壮、紧、长、隔、漫、发、送等各种句式，使得赋文在篇章体制上呈现错综多变的姿彩。全文结构严谨，层次分明，对偶工整，用典自然，音韵流畅，文脉一气贯通。

其三，音韵和谐，骈俪工整。《洛科赋》押韵采用"词林正韵"，四段选用三个平声韵、一个仄声韵，一段一韵，平声韵悠扬高亢，音色流畅，仄声韵低沉有力，音色浑厚。整篇赋文朗诵起来起伏有序，抑扬顿挫，节奏分明。此韵法的安排接近律赋所具备的特点。

《洛科赋》最大的特点是对偶，即骈俪工整。这点与汉大赋和骚体赋有着本质上的区别。因为汉大赋在兴盛时期采用的是"上古音"韵，与我们现在使用的"中古音"系和"近古音"及"现代音"系差别很远，其形式类似古体散文，篇幅宏大，恣意铺陈。而《洛科赋》所使用的"词林正韵"属于"中古音"系。《洛科赋》在形式上又与"骚体赋"有着较大的差别，因为骚体赋源于离骚，其特点是赋句中用"兮"字作调节，或用在句尾，或用在句中，而《洛科赋》则属于骈体赋，基本不用"兮"字。

4. 解读校歌

高校校歌是大学文化精神的重要象征，是学校办学理念、校园精神、办学特色的集中呈现，校歌在激励师生、增强学校群体观念、培育学生勤奋学习优良品质方面具有不可替代的作用。校歌的每一字词、每一旋律，都将成为无形的情感纽带，赋予师生高度的自豪感和归属感。

《匠心追梦》

作词:洛小文　作曲:洛小科

(1)

洛阳古都,涧水泱泱。

文明沃土,蓬勃希望。

成长摇篮,青春向往。

厚德博学,锻造大国工匠。

千锤百炼淬成钢,

自强不息铸辉煌。

春也奋发,冬也昂扬。

匠心追梦,胸怀万里山高水长。

(2)

牡丹花开,焦桐绽放。

中原学府,光耀四方。

华夏骄子,家国栋梁。

奋发有为,彰显时代担当。

赤子之心闯天下,

砥砺前行耀中华。

理实一体,知行合一,

匠心追梦,放眼世界天高地广。

匠心追梦

洛小文 词
洛小科 曲

♩=120 青春 自豪 朝气蓬勃地

洛阳古都，涧水泱泱。文明沃土，
牡丹花开，焦桐绽放。中原学府，

蓬勃希望。成长摇篮，青春向往。厚德博学，
光耀四方。华夏骄子，家国栋梁。奋发有为，

锻造大国工匠。千锤百炼淬成钢，
彰显时代担当。赤子之心闯天下，

自强不息铸辉煌。春也奋发，冬也昂
砥砺前行耀中华。理实一体，知行合

1.
扬。匠心追梦，胸怀万里 山高水长。
一，匠心追梦，放眼世界 天高地

2.　　3.结束句
广。　广。匠心追梦，

放眼世界，天高地广。

洛阳科技职业学院校歌歌谱

歌词萃取洛阳科技职业学院自然地理和历史文化精髓,紧扣学校特色,融合地域文化,突出职教特色、职业素养、校风校训,反映了学校办学理念、核心价值、培养目标和愿景追求,展现了学校创新发展、追求卓越的精神风貌。其蕴含的洛科精神对师生可起到深刻内省、自信自强、催人奋进的育人作用。

　　歌词共分两部分四个段落,歌词内涵交相辉映、兼顾文字传唱和文采文风。第一部侧重学生在校成长和追梦过程,第二部分侧重学生从学校走向社会,在大有可为的新时代有所作为,担当使命。其中,第二部分的"华夏骄子"呼应第一部分的"成长摇篮","奋发有为、彰显时代担当"呼应第一部分的"厚德博学,锻造大国工匠","赤子之心闯天下"呼应第一部分的"千锤百炼淬成钢",同时引出"砥砺前行耀中华",从而使歌词立意高远、主题鲜明,规整大气、喻义丰富。

三、洛科书院文化内涵

　　洛科书院在探索"学院—书院"双院协同育人的过程中,逐渐形成了独具职教特色的文化模式。概括地说就是"三全六化"文化模式。

　　"三全"即指全员育人、全过程育人、全方位育人。"六化",指文化教育的多样化。一是书院学生思政文化从公寓到教室无缝衔接,即"公寓—教室"全校覆盖式人人参与教育的模式;二是五级网格化辅导模式,即从校长到学长五个层级的层层有人管有人问的育人文化,称"校长—朋辈"五级育人文化;三是专业学院与八大书院"双院齐抓"育人模式,即"书院—学院"协同育人文化;四是学生接受专业理论知识与书院实践活动育人相结合,形成"教学—实践"综合教育无缝衔接的理论与实践互补文化;五是在书院组建了学生自我管理中心,学生之间实现了跨专业跨年级的相互帮扶,形成了学生自治文化;六是育人导师(辅导员)工坊技能辅导到学生自行组织社团形成的多元文化。

"三全育人"和"六化模式"是书院探索实施比较成功的一体化育人文化体系,能实现学生从入校到毕业全过程的跟踪教育,全方位的生活指导,全视角地促进学生思想成长、心理成熟、人格健全、兴趣发展,从而营造了师生共同学习、共同生活、共同成长、彼此激励、共同提升的文化教育格局。

(一)思政文化:"公寓-教室"全校覆盖

书院是学生综合素质养成教育的主阵地,其最根本任务是立德树人,把培养有职业修养、有高尚品德的高职人才的理念贯彻到学生在校生活的方方面面。洛科书院在实施素养教育的实践探索中,注重培养学生良好的道德,教育学生学会做人、学会学习、学会生活。为了使洛科书院思政教育从教室到公寓全覆盖、无死角,学校采取了一系列措施:

1. 成立书院学生党团组织,思政工作进公寓

洛科书院积极探索思想政治工作进公寓,打通思政教育"最后一公里",建立健全了以公寓为主阵地的思想政治工作的领导体制和工作机制。即建立了以书院为核心的党团组织机构,积极落实学生党团组织进公寓、学生政治辅导员进公寓、安全保卫工作进公寓,由各书院

育人导师和学生干部组成文化活动骨干,重点开展学生理想信念教育、党团知识培训、学生干部思想教育等活动。

2. 书院思政教育课程化与课程思政化

除日常教育之外,书院还与专业学院协同建立"书院—马院"协同思政教育机制,建设"大思政""大格局"。全校上下重视思政教育,坚持问题导向,将思政教育融入日常活动中,同时针对学生出现的问题,积极开展调查,找到思想问题的症结,结合当前形势,在业余活动中融入思政教育理念,使学生在教室或在公寓的学习氛围得以自然融合,处处能体验到党政教育的良性互动。

3. 培养学生骨干引导,加强理想信念教育

重点针对党员团员青年开展一系列教育活动,如党章和团章学习、入党积极分子培训等,充分发挥学生党员、团员在生活学习中的先锋模范作用。通过对学生党员、发展对象的培养与考察工作,在学生中树立良好的党员团员形象,让一批批学生党员、团员成为引领学生积极向上的排头兵。

4. 增强国防意识,坚持军训爱国第一课

坚持组织新生接受国防知识教育,帮助其掌握军事常识和基本技能,对学生进行国情教育、爱国主义教育和集体主义教育,培养学生家国情怀和热爱家乡的感情。同时,坚持开展新生军训活动,强化学生纪律观念,引导新生上好开学第一课,形成洛科书院教育规范和特色。

5. 搭建党团文化阵地，做好思政教育工作

着力打造学生党员团员之家，增进学生团结协作，洛科书院各分院公寓大厅均设有党性专题文化宣传墙，在醒目的位置展示党团知识、优秀党员团员形象，使"空白墙"变成"党建窗"。同时还建有党团员活动室、学习阅览室，并配备了办公会议设施，定期开展集中党团活动，营造"争当先锋、不忘初心、牢记使命、率先垂范"的浓厚学校党建氛围。

(二)协同文化："书院－学院"双轨并行

洛科书院协同文化的核心是"书院－学院"的"双院"协同育人，"双院"以协同精神为核心开展育人工作，包括协同运行机制建立、协同管理体制建立、协同队伍建设等。其重点是在打破学院和书院部门墙的基础上，积极开展"全员育人"活动，通过多种措施，将"三全育人"落到实处。

1. 教育场地全域化

从教育场地物理位置上看，摒弃了传统的专业学院"一家独大"的育人理念，摒弃了"专业至上"的教育思想，全方位审视学生教育工作。书院以学生公寓为主要教育阵地，专业学院以学院课堂教室为主要教育场所，"双院协同"将专业的学科知识教育与书院的核心素养养成教育相融互通，构建"双院"各有侧重、共同参与教育的双轨并行机制。

2. 职责分工明晰化

从知识传授和素质养成角度看,书院的教育有明确的定位,即是对学院专业育人的补充和完善,既不是"越俎代庖",也不是"取而代之"。书院综合素养养成教育是在学院专业教育的基础上展开的,其以通识教育为主要内容,以"第二课堂"为育人载体,与专业学院课堂教育内容互补。专业学院重在"教"学生追求知识、提升学科水平;书院重在"育"学生综合素养与健全人格,以思政引领,潜移默化地塑造学生的个性品德。"双院育人"文化,在促进学生树立诚笃、独立和理性等学术精神的同时提升书院学生尚德、务实、创新等人文精神,努力达到双院协同培养德智体美劳全面发展的社会需要的高水平职业技能型人才。

3. 成长管理精细化

从学生全方位成长需求来看,书院与学院有非常清晰精细的任务分工与合作模式。书院配有专职育人导师,重点负责学生课余时间的兴趣爱好、心理健康、素养教育、职业规划和职业指导、社会交往等。学院设有班主任,重点负责课堂上下学生专业知识、实习辅导、论文写作、专业比赛等。学生无论在课堂或在课外,都能得到辅导与锻炼。"双院"之间定期召开"联席会议",共同商议解决学生教育过程中存在的共性问题,沟通信息,合力育人。

（三）导师文化："育人－朋辈"五方连贯

洛科书院最重要的文化特色就是"导师文化"。学校搭建了行业企业参与、学校领导层深入学生群体、专业学院与书院"双院"协同、育人导师入驻公寓、学生自治自律等全员全过程全方位综合教育的网格化管理机制，配备有育人导师、学业导师、生活导师、朋辈导师、社会导师等五类全方位的辅导老师。

五类导师角色与定位分别是：

育人导师区别于传统的辅导员，在书院公寓办公，并分楼层负责学生教育工作。主要管理学生课外活动第二、三课堂以及在公寓的日常事务。

学业导师由专业学院授课老师担任，主要负责管理学生在教室中的专业知识学习与职业技能提升。

生活导师负责检查学生寝室卫生、安全、纪律及常规作息，营造书院社区生活的温馨氛围。

朋辈导师是由高年级学习成绩较好的学生或学生干部组成，其作为学长榜样，志愿帮扶低年级同学，尤其是初入校后在生活学习上需要帮助的新生。

社会导师是学校聘任到书院的校外专业研究学者、行业企业领军人物或在实践岗位有较高技能水平的辅导老师。社会导师主要帮助学生开阔市场视野和提升职业技能水平，帮助学生合理规划就业方向。

不同岗位的五类导师在学生成长的不同时段相互协同、联手工作，形成"五方连贯"导师立体辅导架构，从不同层面给予学生全方位的辅助和教育，形成学校与社会全员育人的"六化"文化特色。共同打造导师"六化"特色文化品牌。

1. 思政贯通：成长环境思政化

学校注重校园文化建设，营造书院大德育环境。首先是注重书院生活环境的文化熏染，建设文化景观，美化校园建筑，如用思政元素装饰公寓楼大厅，发挥文化走廊、文明宿舍、文化个性寝室等硬环境的育人作用，打造温馨如家的学生成长环境，增强学生的归属感。其次是学生党团组织进书院开展活动，引领学生党员和入党积极分子发挥先锋模范作用，把思政教育融入学生日常实践活动中，帮助学生树立正确的世界观、人生观、价值观。

2. 素养辅育：学业实践趣味化

学业导师与育人导师联手，开展一系列贴近学生兴趣爱好的素养养成教育实践活动，并注重书院核心素养课程的改革创新。比如在课程之外开设如诗词朗诵、文案写作、演讲与口才、古琴演奏、舞蹈表演、茶艺、连环画绘制、篮球比赛、武术散打等活动，使素质养成教育贯穿于生活娱乐中，使兴趣爱好与学业实践相结合，全面提升学生综合素养。

3. 生活抚导：公寓生活知识化

生活导师打造书院社区居住环境，维护积极向上的文明宿舍氛围。比如,保持宿舍家具清洁、生活用品摆放合理,环境卫生,空气清新,窗明几净。以打造宿舍文化为切入点,鼓励学生发挥聪明才智,开展"美化宿舍"活动、"标兵宿舍"的评比等,指导学生科学合理地安排日常生活,逐步培养学生良好的生活习惯;从改善学生公寓环境条件,到推进学生生活健康知识的普及,化解宿舍矛盾,帮助学生解决生活困难、不断完善自我;全面创新书院社区住宿生活教育的潜移默化方式,使书院学生宿舍成为集学习、生活、休闲、娱乐、审美等功能于一体的温馨之家,成为学生养成文明习惯的书院社区。

4. 心理疏导:身心和谐健康化

书院建有心理辅导中心、心理健康活动室等,配备有心理辅导老师开展心理咨询服务,定期举办心理健康知识讲座和研讨会,讲授心理健康知识,提高学生的心理健康意识。其中育人导师、生活导师和朋辈导师密切与学生接触,重点了解学生思想和心理动态,帮助学生解决生活中的困难。着重针对那些不善言谈、性格内向孤僻、自卑抑郁、痛苦迷茫、容易情绪化的学生建立心理健康档案,及时提供个体化、专业化的心理咨询服务、心理治疗和心理干预等,疏导学生的不良情绪,化解学生的心理压力,通过个别谈心、座谈等多种渠道,让学生感到被关注、被尊重、被关心和被支持的温暖。帮助学生正确对待成长中的挫折和烦恼,恢复自信和心理健康,激发学生自尊自爱、自信自立的意识,维护书院社区生活舒适安全,促进氛围积极向上、学习交往舒适愉悦,引导学生培养阳光心态和形成健康向上的精神风貌。

5. 成长引领：职业能力社会化

洛科书院各层级导师都努力成为学生健康成长的引导者。摒弃部分高校教师游离在学生课余时间之外的习惯，专业老师除了有站好讲台、讲好课程的职责之外，其和其他所有老师都有参与"三全育人"的责任，利用非教学时间，积极扶助学生参与社会活动，重点提升学生职业本位意识，随时随地帮助学生对自身优缺点进行分析，促使学生能全面认识自我，确立成长目标，明确发展方向，满足学生未来走向工作岗位的社会需要。导师帮助学生成为有思想、有批判精神的理性的、自由独立的人，正确把握专业知识与社会认知的契合度，懂得承担社会责任，捍卫自身权益等，以综合素养高、专业能力强的姿态走向工作岗位。

6. 就业指导：生涯规划市场化

每个层级的导师对就业指导都负有教育的义务。第一，对学生进行就业思想教育，即把就业思想教育贯穿在所有学生实践教育之中，这是学生思政教育的延伸。导师团队要督促学生树立正确的就业观、择业观、道德观，帮助学生认识自我，调整择业期望，帮助学生将人生价值的实现与社会的进步发展相结合，勇于竞争，积极适应社会。第二，帮助学生关注就业政策，通过组织开展就业指导，避免学生盲目择业、随意择业。第三，帮助学生分析就业形势，明确当前社会经济发展对人才的需求状况和人才市场的形势，把握求职择业的主动权。第四，教育学生懂得就业策略，即积极求职择业的策略、方法、手段、技巧等,提高学生面试技巧和职业岗位适应能力。第五,对即将就业的学生进行心理指导,提升学生走向就业市场面临激烈竞争时的抗压能力,保持双向选择时的稳定成熟心理,舒缓就业压力,抗击择业挫折,培养健康择业心态。第六,做好学生职业生涯指导。针对学生进行个性化合理规划,提升学生的择业兴趣和对自我能力的评价认知,适应市场需要,使学习目标与择业方向和个性发展保持一致。第七,做好学生适应社会需要的角色转变的引导工作。帮助学生树立从学校走向社会的人生转折信心,帮助他们培养敬业、乐业、扎实干事业的品德,培养爱岗敬业的责任感和事业心。

导师文化是洛科书院真正落实"以学生为中心"育人理念的重要文化特色,明确构筑了进驻到书院社区的多级导师网格化教育网,不仅促使行政服务部门下沉到学生宿舍全面实施全人教育,而且也促使书院真正实现学生跨学科、跨专业混编,相互交流学习。同时也构建了"师生成长共同体",完善了学分(习分)制管理制度和综合素养评价体系,探索根植于学生核心素养课程体系基础上的多重导师激励机制的"三全育人"新模式。

(四)工坊文化:"教学-实践"无缝衔接

洛科书院工坊是洛科书院"职教化"特色的重要文化载体。目前书院以河东人文精神和河西科学精神养成教育为引领,以礼射表演与汉弓制作、古琴表演与琴砚制作、剧本创作与微电影制作、汉服设计与制作、故事演讲与连环画绘制、皮影表演与制作、茶艺表演与中原壶技艺、礼乐文化与舞蹈表演等工坊实验室的众多技艺工坊实践活动为载体，帮助学生拓展"教学与实践"教育空间。

工坊创新"四位一体"教育模式，即书院工坊教育的"理论传授+技艺实践+文创作品+创业能力"全链激活模式。"四位一体"教育模式贯穿于整个工坊实施方案中，从而实现书院工坊平台"教学—实践"工匠精神培养的无缝衔接。

以"礼射表演与汉弓制作工坊"为例，工坊的作用有：

第一，传授有关"礼射文化"的理论知识。从学理上讲，礼射，是代表传统礼仪文化的射箭技艺。礼射作为既有中华礼仪文化表演性能，又表现了精工制作技艺的礼仪，有着深厚的文化内涵。要先从培养学生懂仪礼、守规矩、有敬畏之心、有感恩之心开始，以礼乐教化学生们的心智，即通过礼射文化活动和礼射技法的培训，使学生对礼射进行研习，增加学生对于中华优秀传统文化的了解，尤其是对礼乐文化的深刻体悟和内涵传承。在具体的训练过程中，要特别注意对学生身姿礼仪的训练，让学生明白，学习射礼可以内修精神品格、外塑自身体魄，从而培养学生的爱国主义情怀，提升学生的素养。

第二是技艺实践阶段。礼射有一整套射箭礼仪，比如"礼射八法""礼射十式"，从取箭到箭矢射出，均对肢体动作与思想意识等有严格的配合要求，要求学生在射箭时，要内心平和、思想端正、外体正直、没有杂念。通过由内而外地修炼，举弓箭瞄准，展现一个人的精神风貌。除了修养身心之外，另一个关键是锻炼学生们的动手实践能力。通过精细的弓箭器物制作环节的学习，学生们的动手实践能力会得到大幅提升，进而培养学生吃苦耐劳的品质和工匠精神。当然，也为有志于未来成为专业礼射师、弓箭工匠的学生，拓宽了就业渠道，构建了初步职业技能思维模式。由于礼射注重的是射击者内在心态与外在形体的协同一致，如若箭不中靶，只会反躬自省，而不会抱怨其他。

第三是以创作为中心的文创阶段。礼射的文创分为多个层面。首先，是从制作礼射活动全过程所使用的工具开始，如制作箭矢、制作不同时代的弓箭、射击用的护手用具等。还可以根据礼射使用工具的外形，制作缩小版作为礼射文创伴手礼，在其中加入文化设计，进行多次多维度的文化创意作品制作。学生们对这些有文化内涵的实操活动和文创作品还是非常感兴趣的，特别是在上课过程中，创作积极性更高，会从热烈交流中获取奇思妙想。实践环节增加了学生对技艺的深切体验，理念理解流畅，动作掌握快。

第四，书院工坊增设了职业技术技能方向的创新能力培养，以市场为导向促使学生思考作品的使用价值，以此提升学生们的创业意识。在具体的实践过程中，工坊辅导老师紧密跟踪学生学习实践的每一步，重点鼓励学生将自身兴趣爱好与作品产业链相互关联，养成创新设计习惯和认真负责的工作态度，认真审视自己的产品是否能在市场上实现价值，培养学生工匠精神。尤其是重点鼓励学生自觉到相关企业去考察，扩大创作视野、改变思维方式，帮助学生以市场为导向，不断修改实践方案，增加作品的市场适应性，促使学生树立理论与技能相结合的创作意识，为未来走向技术工作岗位，奠定良好的就业能力。

定期对书院工坊文化进行总结归纳，经常举办研讨、交流、分享会议，不仅帮助老师们将实践转化成研究成果用于申报课题、撰写论文，同时也积极为学生们搭建成果展示平台，树立典型人物和事迹，将理论研究成果运用到教育实践中，促进理论与实践的深度融合。

（五）自治文化："学生－学生"自助发展

洛科八个书院，设置了党支部、团支部及社区学生自治组织，构建"学校－书院－导师－学生层区－学生宿舍"五级网格化管理体系。一级网格为决策层，由校领导和各部门负责人组成的"书管委"统筹工作；二级网格为管理层，由各书院院长和书院中层干部组成；三级网格为执行层，由书院育人导师和生活导师组成；四级网格为督劝层（督促劝勉），由书院各社区的学生宿管会成员组成；五级网格为信息层，由书院各宿舍长组成。五级层层衔接，营造师生共建、共管、共育环境，形成社区学习、研讨、交流、生活和休闲等一体化服务格局。

自治文化包括自我管理、自我教育、自我监督、自我服务等，是学生组织"学生自治委员会"、学生干部和朋辈导师在共同开展文化活动过程中所积淀的文化价值与精神风貌。由学生日常活动到文化精神，都对洛科书院全体学生起到了凝聚、激励、协调、约束、塑造等重要作用，是书院最有生命活力的"文化元素"。

自治文化的主力军有三类：一是教学班级的朋辈导师；二是以书院公寓楼为单位选出的公寓管理学生干部团队；三是以楼层或班级宿舍或专题项目活动组为单位的团队。他们是展示洛科书院文化的主体,发挥着书院大学生思想政治教育的桥梁和纽带作用。

洛科书院自治组织的特征表现在四个方面:

1. 具有严格的自治组织管理制度

洛科书院学生自治组织,如公寓学生自治委员会、学生会、学生党团委员会、纪律卫生检查委员会等,是书院制度文化的一部分。建立有严格的组织制度,形成组织文化,如学生选举制、值班制度、活动制度、例会制度、考核奖惩制度等,是实现书院学生自治的基本条件。

2. 具有良好的人文环境

自治组织文化是以公寓人文环境为载体的,比如,学生自治组织在书院公寓内设有专门办公室,书院提供专题活动场地,配备有相应的文化设备等。这些物质办公环境对学生进行自我管理和自我教育有相当大的支撑作用,有利于提升学生的自我认同感和信心,也能增加各自治组织的向心力和凝聚力,提高工作效率。良好的人文环境,对学生开展自我培养活动有重要支撑作用。

3. 具有优秀的自律形象

学生自治组织文化的外在体现是自治组织的整体形象,涉及自治组织内的每位成员的自律性,要求他们不仅在日常学习、生活、服务、人际交往与娱乐活动中起到组织引导作用,同时也要求他们要有严格的自律表现,诸如认真谨慎的办事风格、公平公正处理问题的能力、正确处理学习与服务的关系、正确处理个人利益与集体主义的冲突、面对问题和挫折的勇气等。学生自治组织成员的集体素质表现,是检验书院自治文化外在形象的对象,也是书院文化浸润人心的具体体现。

4. 具有深入心灵的自治精神

突出表现在学生对自治文化精神的感受或高度认同,自治文化影响学生的认知观、价值观、人际交往态度、生活修养、行为准则等,这些精神文化是自治组织长期良好发展的基础保障,也是学生自治自律习惯逐步养成的关键成果,更是反映书院自治文化目标是否达成的一项重要指标。积极向上的群体意识、组织观念等学生自治文化,是学生自我管理的精神财富,具有非常强大的引导力和榜样效应,是凝聚全校学生的重要力量。

总之,书院学生自治组织文化就是连接学生干部与每位学生的有力纽带,发挥着重要的集体凝聚力量,不仅把同学们凝聚在一起,也促使书院学生有集体荣誉感和书院社区的归属感,是学生自治管理的良好文化育人模式。

(六)社团文化:"学生－社会"全域互动

洛科书院中,种类繁多的社团始终秉承德技并修的育人理念,提高学生的综合素质。洛科现有学生社团涵盖体育竞技类、文化传承类、专业实践类、艺术特长类、志愿服务类等(如下图所示),有针对性地满足在校学生的个性化需求、服务青年学生的成长成才,帮助学生从学校顺利走向社会。

学生社团统计表（部分）

体育竞技		
篮球社	太极社	洛科observer观察者桌游协会鲁班书院分社
足球社	田径社	慎德书院跆拳道分社
TBK-搏击社	电子竞技社	洛科飞盘社
FILP滑板社	绳彩飞扬社	大学生退役军人协会
乒乓球社	observer观察者桌游社	篮球协会慎德书院分社
轮滑社	健身健美社	羽毛球协会慎德书院分社
羽毛球社		

文化传承		
子衿汉服社	凤凰文学社	南嘉茶艺社
书法社	传统手工艺社	礼射表演与汉弓制作工坊
国韵风华社	MUJIN汉服社	古琴表演与琴斫制作工坊
文化与艺术协会	大学生广场舞俱乐部	刺绣技艺与女工文创工坊
故事演讲与连环画绘制工坊		

专业实践		
金融协会	小语种社团	大学生社会实践协会
云图软件社	洛科摄影协会	大学生心理协会
鲁班之家	视界-短视频制作社	IT联盟社团
英语口语社	图学会	创新创业社团
演讲与口才协会	洛科摄影协会文远书院分社	辩论社
大学生竞赛协会	国防后备营	领耀星社
科学探索社	心理兴趣小组	善言社
神都京洛旅游社团		

艺术特长		
器乐社	音乐社	惊鸿中国舞社
RM说唱社	此间中文配音社	国标舞社团
街舞协会	星梦漫社	模特社
话剧社	合唱团	演绎社团
洛科美术协会		

志愿服务		
爱心互助阳光助残协会	环境保护协会	洛科大学生蓝天救援队
红十字星火志愿服务队	青年志愿者协会	

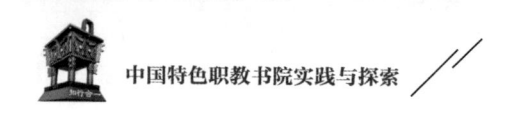

洛科的社团文化主要包括以下几个方面：

1. 文化传承类社团，增强文化自信，弘扬优秀传统文化

文化社团是书院文化、校园文化建设的重要载体。通过举办实践性强、参与度高的工坊活动，学生深入挖掘传统文化元素，摄取丰富的精神食粮，并在抖音、微博、快手、小红书、微信公众号上，进一步宣传中华优秀传统文化，扩大中华优秀传统文化的影响力。通过在社团课程中增加文化元素，厚植文化自信，提升学生的核心素养，树立正确的价值观。例如书法社，锻炼学生的观察力，养成细致、耐心的好习惯；子衿汉服社在实践中，帮助学生认识和体验汉服的魅力，增强民族自信心和自豪感，发扬和传承中华优秀传统文化等。

2. 专业实践类社团，通过技术赋能，学科融合，促进学生发展

社团通过多式多样的技能型活动或社会实践活动，培养学生的创新精神、动手实践能力。学生一方面能够将专业理论知识应用于实践活动中，另一方面，可以有更多的机会接触社会，了解社会。在社团中磨炼自己，干一行、爱一行，铸就匠心、匠魂、匠德，为踏入社会成为一名"大国工匠"做好准备。此外，学生依据自身性格和能力，选择感兴趣的实践方向，结合职业发展意愿，对自身定位、未来规划有一个较为清晰的认识，为以后更好地融入社会奠定良好的基础。

3. 体育竞技类社团，赋能健康生活，培养竞技精神

体育竞技类社团，如篮球社、足球社、健身健美社、太极社等，不仅可以增强学生的体能，激发学生的潜力，还能磨炼学生勇敢、坚忍、团结、友爱、拼搏的品质,使学生感受到体育竞技的魅力。学生通过参加各种体育活动,如担任裁判、志愿者等,形成集体意识,锻炼抗挫折能力,进而提高社会适应性。

4. 艺术特长类社团,进行价值引导,提升竞争力

洛科的艺术社团联合其他部门开展"校园文化艺术节""青春派草坪音乐节""嗨翻'六一'电音节""青春有约化装舞会"等活动,不仅有效提高学生的审美能力和综合素养,让学生们更加主动地学习艺术,还能提升自身的竞争力,形成正确的审美观。比如,艺术特长类社团在举办活动时,将乐理知识、信息技术、表演技能以及美育德育融入创作之中,实现跨学科知识的融合与实践。

5. 志愿服务类社团,乐于奉献,培养责任意识

志愿服务类社团,通过开展各种公益类社会实践活动,如"慈孝文化话剧""蓝天救援""阳光助残"等公益性社团活动,深层次培养学生的社会责任感,锻炼学生的品德修养,提升社团活动的思想内涵。同时,社团凭借志愿服务,引导学生树立正确的价值观和理想信念,增强自我认同感和自信心。这类社团为学生成长成才提供了重要平台,也为洛科文化的传承和社会风尚的良性发展起到了正向的推动作用。

第五章

洛科书院治理体系

党的十八大以来,我国经济发展方式转变、现代产业结构调整、教育理念转变等,对职业教育管理体系及管理机制提出了新的要求,职业教育的时代命题发生了重大变化。

在新的时代背景下,国家对职业教育进行类型教育定位,出台一系列政策大力推进职业教育发展。洛阳科技职业学院审时度势,将发展重点聚焦职业教育新模式的全面改革、学校教学质量提升等核心板块,力图在中国式现代化建设中重新认识和把握新时代职业教育的新使命,在构建教育生态系统中创新发展,尤其在民办职业教育书院制治理体系构建方面,能与时俱进,拓展职业教育发展的新空间。

按《关于加强和改进新形势下高校思想政治工作的意见》要求,洛阳科技职业学院以就业为导向,积极推进产教融合、校企合作,努力构建"政、校、行、企"协同育人模式。学校按照公寓空间布局,建立了洛科书院总院及八大书院。在全面推进学分(习分)制管理的基础上,逐步明确了书院、学院的功能定位,完善了书院管理制度和运行机制,形成"书院－学院"双院育人特色。

通过书院制改革,充分调动了全校师生员工的工作积极性,重构了青年友好型大学中师生互动成长的共同体,打造了书院公寓社区良好生活、学习环境,全方位促进学生健康成长。

书院制改革对学校育人模式改革及教育管理工作运行机制的创新具有重要现实意义。

一、"学院－书院"双院育人体系

(一)现代大学运行机制内涵和特征

运行机制是指,在一定机体内各种构成要素之间相互联系和作用的制约关系及其功能。在机构整体运行中,所构成的各要素之间的配置方式和组织形式以及调节功能不同,则运行机制所达到的效果就不同。

现代大学运行机制指的是大学制度各要素相互作用的方式和原理。因此,有什么样的大学制度就有什么样的大学运行机制。

由于民办学校在办学过程中要自筹资金,自负盈亏,所以,在激烈的市场竞争下,其管理运行机制要求"精干、高速、高效",以便获得更好的生存机遇。为此,结合国家职教改革的方向和新要求,洛阳科技职业学院综合制定了职业教育运行新机制:以服务学生为宗旨,以学生高质量就业为导向,精简、高效、科学、民主,走产学研结合的发展之路。进行学分制改革、"学院—书院"双院制改革,发挥"双院"协同育人机制作用。专业学院的重心在于学生的专业知识教学,书院则重点培养学生的文化素养。

目前,学校已全面建设完成以学生公寓为教育平台的特色书院,八大书院文理渗透、专业互补特色明显,打通了课堂之外无教学的教育弊端,学生管理与思政工作也更贴近学生需求,零距离关心学生。同时,学生公寓建有图书阅览室和导师联系室,任课老师可以定期到学生公寓集中辅导答疑,确立了"学院—书院"协同管理的运行机制。

(二)洛阳科技职业学院运行机制

随着国家教育改革的推进,高校教育理念发生了巨大转变,学生的培养和管理工作也应符合时代要求。大学的管理人员不仅是学校的管理者,更是培养、引导大学生形成健全人格的教育者。

1. 学校运行机制概述

洛阳科技职业学院在2013年正式成为全日制民办普通高等职业院校。2018年10月,中国领先的高等职业教育上市公司新高教集团与学校签订联合办学协议;2020年4月,新高教集团完成全资收购,实现在河南高等教育战略业务的重要布局,洛阳科技职业学院自此开启了从学校校园基础环境建设到管理理念、教学模式及人才发展战略等一系列变革的新篇章,迈入规范化管理和高质量发展的新阶段。截至目前,高职办学已有十年历史。

在新高教集团全资收购学校之前,学校沿用传统的高校管理运行机制,以学科为分类基础,设8个二级学院,实行学院制运行管理。在学生管理方面,基本上是以院系为管理重心,由辅导员直接负责管理学生。教学集中在教室课堂,宿舍是单纯的休息地方,不是教育的场所。

2. 学校运行机制新模式

为深入贯彻《教育部等八部门关于加快构建高校思想政治工作体系的意见》要求,全面落实《河南省"十四五"时期深化教育综合改革指导意见》《河南省高等学校探索书院制育人模式改革的指导意见(试行)》和全国及全省教育大会精神,洛阳科技职业学院围绕办学理念,探索"学院—书院"双院制人才培养模式,积极推进高职学生管理制度改革,不断优化学校治理结构,持续提升学校治理能力。同时学校健全学术治理架构,不断完善考核评价机制,使学校的运行机制日臻完善。

高等职业教育是培养高素质、高技能人才的重要阵地,书院制管理育人模式是深入推进思想政治工作的重要抓手。学校大胆革新,突破瓶颈制约,打造职业教育书院制文化品牌,为高职院校学生培养体制开拓一条积极变革的路径,通过全员、全过程、全方位的人才培养过程,培养全面发展、具有未来眼光和国际化视野的技能型社会主义建设者和接班人,带动职业教育的大变革、大发展。

(1)新理念下的章程和制度

根据《中华人民共和国高等教育法》的规定,洛阳科技职业学院执行党委领导下的校长负责制。学校聘请了教育管理经验丰富的校长全面负责学校各项教育、行政管理工作。

洛阳科技职业学院坚持和完善校长负责制,颁布并认真实施《洛阳科技职业学院章程》,确保教育教学、实训实习、教研科研、社会服务、行政管理、校园建设等各项任务的完成。

校委会坚持民主集中制原则,更新完善《洛阳科技职业学院校委会议事规则与决策制度》,严格规范各项议事、决策、运行、监督以及执行程序,深入落实"三重一大"决策制度,推进学校领导班子建设和管理科学化水平,持续提升战略管理能力和行政事务管理水平,建立健全学校教育教学制度、规范学校资产管理及财会制度等,形成高效的制度运行体系,切实提高制度的指导性、实用性和可操作性,不断提高学校治理能力、运行效能和服务水平。

(2)学术治理架构及学术组织建设

学校在推进青年友好型职业大学建设过程中,进行"双院"育人制改革,同步加强并完善学校学术委员会、教学委员会建设,依照学校相关章程和有关制度,细化并颁布一系列学术管理制度,推行行政权力与学术权力相互支撑、分工明确、高效运行的工作体系,充分发挥学术委员会、教学委员会在专业(专业群)建设、教学质量监督和评价、教育教学改革与发展、校企合作产教融合以及服务区域经济发展中的重要作用。突出学术发展的重要性和系统性,领导层更加重视学术研究的发展,从运行机制上保障学术研究的权威性和重要地位。

此外，学校不断完善工会组织、社团中心和学生组织建设，广开言路，博采众议，大力拓宽民主管理的有效途径，使民主化程度大幅度提升。

(3)管理体制和考核评价机制

在全面推进青年友好型职业大学构建的新时期，学校建立自上而下的目标管理机制，以绩效目标管理促进学校运行管理效能的提升，以资源配置模式改革为重点，以绩效管理、目标管理为抓手，不断深化管理体制改革，落实"学院—书院"双院协同育人的办学新模式，推进"双院均为实体"的建设目标，明确教育教学活动的责权和重心，激发了学校的办学活力和创新精神。

权责明晰、效能优化、评价科学的双院制管理体制和运行机制，大力推进了学校的教育改革进程，凸显了洛科青年友好型职业大学的双院制育人办学特色，同时深化了产教融合、校企合作，不断提高高素质技能人才培养的质量和社会服务的影响力，提升了学校的办学声誉。

此外，学校在新阶段的教育改革中重视育人理念的推广和落实，不断加强各职能部门的服务意识和研究能力，使广大教职工将"以父母之心育人"的理念内化于心外化于行。在"十四五"发展新阶段，学校积极深化双院制改革，运行机制日臻完善，办学声誉和社会影响力扩大，办学成就显著。

(三)洛科"双院"育人新举措

洛阳科技职业学院从2021年起积极探索书院制改革，制定了构建中国特色职教书院并成为职教书院典范的战略目标。在具体实施中,突出了"三全育人"主题特色,重点抓"双院"教育力量,开展全员、全过程和全方位参与学生成长教育工作。

1. "书院－学院"全过程育人

洛科书院和学院联合开展教育工作。全过程育人体现在书院的一体式生活、教学中,学院选派学业导师与书院沟通学业问题;书院生活导师深入学生中照顾学生的衣食住行等;育人导师进行学生的兴趣培养,注重理论的实践化教育;朋辈导师与学生一起建立良好关系,引导学生学会尊重自我,尊重他人;党员导师在学生中间发挥模范带头作用,帮助学生树立正确的党团观念,引领全体学生拥有正确的世界观、人生观和价值观。

打造青年友好型职教书院,就要全过程育人。从学生入校至毕业,学校通过安排各类活动,如新生入学欢迎仪式、重要节庆活动、毕业系统活动,培养学生的人文素养,做好学生的心理辅导,加强生师间的密切合作,实现时时育人,事事育人。

2. "书院－学院"全方位育人

全方位育人即融合育人,学生除了在专业学院学习之外,课余时间还可以在书院学习,做到学寝合一。书院内部除了宿舍外还设置了休息区、阅读室、活动室、团建党建活动室,突出了宿舍内外多方协作育人的优势。

3. "书院－学院"全员育人

全员育人体现在"学院－书院"双院协同育人的突出成效上。在书院,上至院长下至学生本人,上下统一协作,强化师生互动,形成良好的育人环境。在书院内部,育人导师和生活导师双管齐下共同育人,同时朋辈导师以老带新,使新生迅速融入学校的环境中,让全员育人落到了实处。

以上三个方面的共同发力,既承接了"三全育人"的教育要求,又贴合"学院—书院"双院协同育人的特点。

(四)洛科书院制管理概述

洛阳科技职业学院提出"建设青年友好型职业大学"办学目标,大力推进"学院—书院"双院育人模式。书院总院以"扎根中原,光耀四方"为院训,以"厚德博学、内心充盈、敏行善言"为主题特色。

书院制管理是改进传统公寓管理的一个重要模式,学校在自上而下的育人理念引领下稳步推进书院制改革,以期探索出适合中国高等职业教育发展和管理要求的新路径、新模式。

学校按照学生公寓楼的地理位置,依据专业融合、学生人数与性别相对均衡的原则,共设立八个分书院。以涧河为界,河东以《大学》为据选取名称,设日新书院、慎德书院、忠信书院、慈涧书院共四个书院,重点开展大学生人文素养养成教育;河西以古代科学技术大师命名,设鲁班书院、张衡书院、仲景书院和文远书院共四个书院,重点开展大学生科学精神和工匠精神养成教育。

洛阳科技职业学院书院总院及八大书院文化符号,如图所示。

第五章 | 洛科书院治理体系

日新书院
核心素养：国际视野
书院院训：格物致知 志存高远
主题特色：国际理解 交流交往 合作共赢

慎德书院
核心素养：谨言慎行
书院院训：博闻慎思 学问思辨 兼听明辨
主题特色：三思而行 履践致远

忠信书院
核心素养：诚实笃行
书院院训：德技并修 忠诚信仰
主题特色：忠诚信仰 坚定信心 奋发向上 奋斗青春

慈润书院
核心素养：慈爱奉献
书院院训：自强不息 砥砺前行
主题特色：至真至善 至美至诚 至行至远

文远书院
核心素养：数字思维
书院院训：目尽毫厘 心穷筹策
主题特色：数智融通 科创融合 德技并达

仲景书院
核心素养：健全自我
书院院训：勤求古训 博采众方
主题特色：规划人生 健全人格 发展身心

张衡书院
核心素养：未来思维
书院院训：人生在勤 不索何获
主题特色：探寻未来 设计未来 创造未来

鲁班书院
核心素养：实证探索
书院院训：匠心至臻 德技双馨
主题特色：勤于求证 善于制作 创于创造

洛阳科技职业书院文化理念图

131

1. 书院定位

2021年底,洛阳市委、市政府出台《洛阳市建设青年友好型城市行动方案》指出,要把建设青年友好型城市放在洛阳打造聚合创新资源平台城市的基础性、先导性、战略性位置。并在"十四五"期间,实施建设青年友好型城市五大工程,着力提升洛阳城市功能品质与青年的契合度,让城市更好地吸引青年、集聚青年、成就青年,以青春活力不断激发创新活力,为建强副中心、形成增长极汇聚强大青春力量。

基于青年友好型城市发展的时代背景和职业学校当前的发展使命和迫切需要,学校勇于创新,首先提出了建设青年友好型职业大学的理念。青年友好型职业大学是国家技能型人才储备的摇篮,在青年友好型城市发展的过程中,青年友好型职业大学将重塑职业大学的社会服务和人才培养功能,大力提升青年人才对城市的贡献力、创新力和创造力,从而促进并实现青年发展、职业大学发展、城市发展的有机融合和良性互动。

2021年底,在洛阳市委、市政府主办的建设青年友好型城市主题论坛上,校长刘丽彬围绕洛阳建设青年友好型城市作了题为《认同、尊重、激活——努力创办青年友好型职业大学》的主题演讲,首次提出了建设"青年友好型职业大学"的办学理念和"认同、尊重、激活"的育人理念。

学校在提出青年友好型职业大学建设的同时,大力推进青年友好型职业大学书院建设。"十四五"时期,学校积极推进全员书院制改革,成立洛阳科技职业学院书院总院,并下设日新书院、忠信书院、慎德书院、慈涧书院、文远书院、张衡书院、仲景书院、鲁班书院等八大书院。各书院明确了特色定位,研究提出了清晰的核心素养与文化内涵。

2. 书院指导思想

洛科书院以习近平新时代中国特色社会主义思想为指导,全面贯彻党的教育方针,落实立德树人根本任务,坚守为党育人、为国育才使命担当,探索实践双院制学生管理模式改革,构建双院制模式下高等职教书院育人机制,建立"双导师制"(学业导师、育人导师)学生培养机制,使专业学院能更好地落实专业人才培养方案,把握学生学业状况,使书院能集中精力做好学生的思想政治教育和课外日常管理,使学生感到专业归属感和团队归属感。借此实现素质教育、专业教育和全人教育相融合,形成思想引领、知识传授、素质养成、能力提升、人格塑造、创业就业为一体的协同育人模式,努力培养厚德博学、内心充盈、敏行善言的高素质技术技能人才。

3. 书院育人目标

书院的育人目标是秉承文化育人与环境育人相结合的理念,推行"三全育人",将育人工作贯通学科体系、教学体系、课程体系、管理体系,形成全员、全过程、全方位育人格局。通过全员五类导师培养与社区五级网格化生活服务,激发学生主观能动性,促使学生自我教育、自我管理、自我服务。

4. 书院育人模式

职业技能创新工坊和特色社团文化的建设,对促进校园文化创新,增强校园文化吸引力,形成具有中原文化特色和职教生机活力的校园文化具有重大意义。

学校全面推行书院制育人模式改革,让不同专业和学科的学生居住在社区里,通过多元文化的交流碰撞,文理渗透、专业互补、思想撞击,大幅提升跨界思维交流及其综合素养,把学生培养为社会急需的富有创新能力的综合型应用型人才。

5. 书院实施载体

书院制是以学生公寓为教育空间,将学生的日常管理教育、主题教育和核心素质养成教育、思政教育、学生自治、理想信念有效结合起来,营造社会文化环境,提供学生个性发展平台,建立各具特色的文化之"家",以素质养成教育和主题文化熏陶、创新创意创业项目、人文与科技系列讲座、学科拓展、文体娱乐、心理健康教育、职业生涯规划辅导、特色工坊实验实训等形式开展教育活动,营造独具一格的书院文化。

6. 党团支部建设

书院以党建工作引领育人工作,利用书院教育平台,大力发扬学校党建和思政教育工作的教育作用,将党建工作和书院各项人文素养教育融为一体,在各书院设置党支部、团支部及学生自治组织,使书院教育思政化,思政教育生活化,提高了学校管理和学生思政教育、素养教育的有效性。

同时,书院成立学生自管工作中心,协助书院开展各类活动和日常教育管理服务工作,同时大力培养并提高学生自我管理能力与水平。

二、书院组织管理架构

书院创新"全员育人、全程育人和全方位育人"人才培养的新模式，协调各专业学院（二级学院）与洛科书院"双院"协同育人关系，实现专业学科教育、人文素养教育和社会公民教育的有机融合，构建学科专业学院制、学生社区书院制的现代大学"双院"管理制度，以打造"中国特色职教书院"、形成"学院—书院"双院育人模式为目标，深入推进书院的组织管理变革和优化。

学校于2021年9月组建了洛科书院总院，并启动书院制改革。2022年11月召开洛科书院发布会，汇报了洛科书院理念推广与实践探索的成就。2023年4月学校再次扩大洛科书院制改革规模，发布《洛科书院"三定"方案》，确定由校级领导干部担任书院总院院长，将各二级学院分管学生工作副院长、学生发展中心副主任（团学）及辅导员全部划归书院，加大书院改革推进力度。由此，书院开启全员、全过程、全方位书院制管理阶段，学校"双院育人"模式全面落地实施。

2023年7月，书院成立职业素养发展中心、公共艺术教育中心，聚焦学生的职业综合素质和行动能力培养，书院制进入内涵建设新阶段。

双院育人组织架构如图所示。

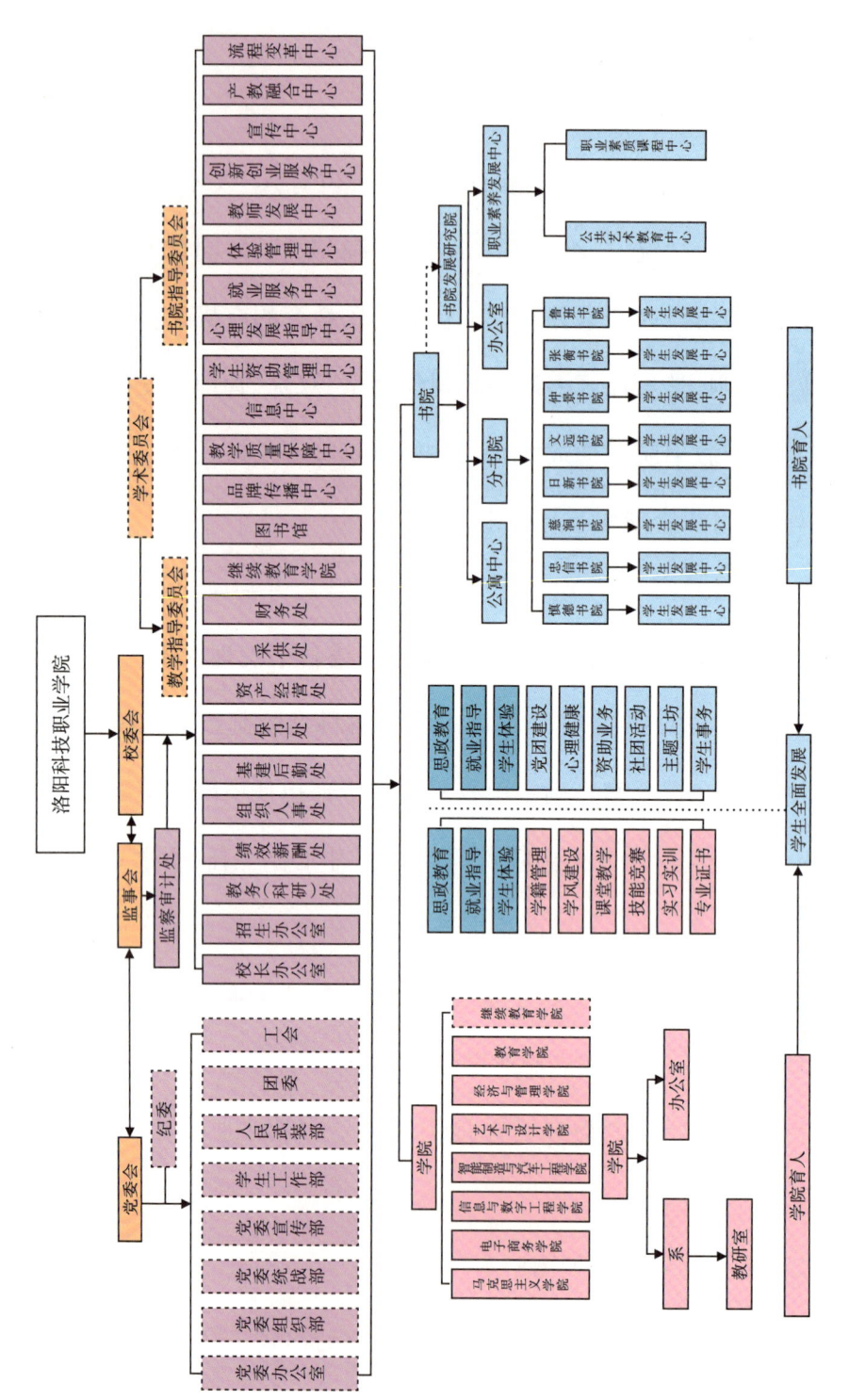

中国特色职教书院实践与探索

双院育人组织架构图

洛科书院制改革探索网格化管理新模式，发挥全员育人作用，将思政教育充分融入书院学生的日常生活、学习中，创新性地拓展了学校思政教育新阵地，实现青年友好型大学教育过程的无缝隙、精细化管理，充分发挥教师的引导作用和学生的主体能动性，构建青年友好型大学倡导的新型友好、和谐的师生关系。

在洛科书院五级网格化管理机制中，各书院设置有党支部、团支部及社区学生自治组织，构建了"学校—书院—导师—学生层区—学生宿舍"五级网格化管理体系。其中一级网格为决策层，由校领导和各部门负责人组成的"书管委"统筹规划工作；二级网格为管理层，由各书院院长和书院中层干部组成，负责书院工作的策划、研究、督导和管理；三级网格为执行层，由书院育人导师和生活导师组成，主要做好学生的生活教育和管理、素养教育、工坊教学以及社团活动等；四级网格为督劝层（督促劝勉），由书院各社区的学生宿管会成员组成，主要进行榜样引领、共建自治；五级网格为信息层，由书院各宿舍寝室长组成，主要进行学生的自我管理、自我服务和自我教育。

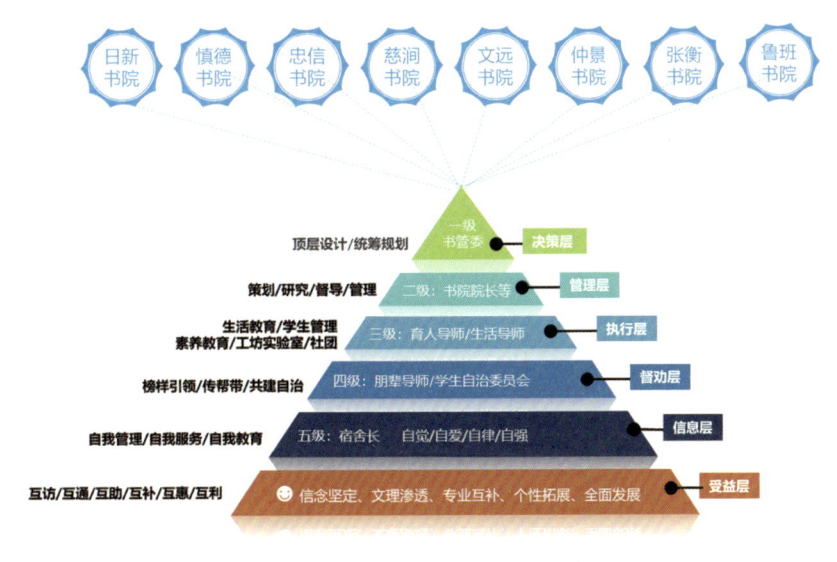

洛阳科技职业学院五级网格化管理架构图

(一)决策层

在校党委指导下,成立书院管理委员会(简称"书管委"),统筹领导书院工作。书管委下设书院管理办公室(简称"书管办"),落实书管委的规划。

1."书管委"的组成与职责

"书管委"是书院工作的决策层,实行不定期专题例会制度,负责统筹、规划、协调、督导书院工作;根据工作需要,及时组织召开专题研讨会议。职责主要包括:

(1)提出或审议书院发展的重大事项,并提交校委会审议决定。

(2)审议书院院长提出的年度工作计划、工作报告、年度重大工作事项。

(3)了解和研讨学生教育管理各项工作情况、动向和需求,提出解决办法和途径。

(4)协助解决书院与专业学院以及各部门之间的工作衔接、工作难题和改革困境。

(5)扶持书院开展重大课题项目的研究,助力书院打造"中国特色职教书院"范式的文化品牌。

(6)研究解决书院工作中出现的新情况、新问题,探讨书院发展新思路、新措施、新办法。

2."书管办"的组成与职责

书管办在书管委的领导下,策划实施洛科书院特色文化品牌建设工作,规范并促进各书院文化活动健康有序开展。其职责主要包括：

（1）根据需要提议召开"书管委"会议，解决有关事项，并负责贯彻落实"书管委"的各项决议。

（2）负责拟定书院发展总体规划，定期或不定期召开书院管理工作会议，帮助各书院进行目标管理与计划落实。

（3）负责协调、处理书院与专业学院，以及学校各部门之间的事务联络，建立书院工作沟通长效机制，确保书院全人教育顺利实施。

（4）负责建立书院导师工作机制，备案书院导师与学生的资料，审核导师与学生评优奖励。

(二)管理层

洛科书院管理层由书院总院院长加八个书院院长组成中层干部管理层，是书院管理网格的二级网格管理层。

书院总院设立院长1名，副院长或副书记1名，下设八个书院。八大书院均在本书院设立院长1名(主持工作)，副院长1名或副书记1名，学生发展中心主任1名，团学副主任1名，就业副主任1名。

在书院管理委员会的领导下，洛科书院设立书院管理办公室，开展各项综合协调指导工作，具体落实书院各项工作计划和任务，督促计划任务按节点实施，并根据学校总体规划布局及时跟进各项任务动态管理指标，做到上传下达，确保书院各项规划任务按期完成。各书院各司其职、各负其责、目标一致，凝心聚力共同完成各项工作，从而达成总的发展目标。

书院实行院长负责制，书院总院院长统筹书院发展的各项事宜。

各书院院长为本书院第一责任人,主持书院全面工作。副院长/副书记协助院长工作,具体负责书院学生日常行政管理、学生管理、素质教育和文化建设活动等相关工作。

1. 书院总院办公室的职责

书院总院办公室的职责具体如下:

(1)贯彻落实学校关于书院制学生生活社区建设的各项决策,根据学校校园文化建设总体思路,制定书院总体发展规划。

(2)协调书院与学校各职能部门、各二级学院的沟通联络,整合资源,形成合力,建立洛科书院长效工作机制,确保书院各项工作的顺利推进和实施。

(3)协同完善和落实书院人事管理、财务管理、资产管理和安全管理等工作。

(4)指导各分书院制定相关管理政策,对各书院学生提出奖惩建议,制定及落实各书院工作考核目标。

(5)推进各书院通识课程的开展,评估各书院通识课程开设情况与取得的成效。

(6)规范并督促各分书院推进各项文化活动,确保书院各项活动有序开展。

(7)完善书院各类导师工作机制,做好资料整理,审核导师评优奖励。

(8)统筹各书院改革工作调研活动,切实解决各书院在运作中出现的相关问题。

(9)构建适合职业类大学生核心素养发展的课程体系,并指导各书院推行素质教育,评估各书院素质教育课程开发与实施情况。

(10)完成学校交办的其他工作。

2. 书院发展研究院的职责

根据学校书院制改革需要,学校特设书院发展研究院,主要职责是负责书院文化研究、课程研发与评估、工坊运行评估与指导、创新基地建设、书院学术研究与特色项目的开发与推广等工作。

3. 书院院长的职责

(1)书院院长是书院第一责任人,统筹指导书院各项日常工作,组织实施并完成学校的各项学生培养管理任务,督促和赋能副院长所分管的工作。

(2)统筹并执行书院工作规划。

(3)具体负责书院事务管理、素质课程教育、学生文化活动、书院文化建设、素质拓展活动等相关工作。

(4)主管书院人员管理工作,积极推荐引进人才,配备合理的人才梯队。

(5)负责书院防火、防盗、财务预算、财务规划与管理工作等安全综合治理工作。

4. 书院副院长的职责

(1)协助书院院长推进书院各项工作,加强书院全面建设。

(2)协助院长并协同书院育人导师开展各类活动。

(3)指导育人导师和学生宿舍管理委员会干部进行学生自治,开展各类书院学生活动。

（4）完成院长交办的各项工作。

5. 分书院院长的职责

（1）全面负责本书院工作，组织实施总院下达的各项学生培养工作；

（2）负责建立并推进实施明确的、可操作的本书院学生素质培养模式。

（3）负责本书院人才梯队建设工作。

（4）主持本书院日常管理工作。

（5）管理好本书院安全工作。

（6）主管本书院财务规划与管理工作。

（7）完成学校交给的其他各项工作。

6. 分书院副院长的职责

（1）协助院长完成本书院学生教育管理工作。

（2）协助院长完成本书院内外日常行政事务，

（3）协助院长完成本书院行政制度建设。

（4）指导本书院育人导师及学生干部开展各类学生活动。

（5）完成院长交办的各项工作。

(三)执行层

双院制育人模式下建立"五级导师制"（育人导师、社会导师、学业导师、生活导师、朋辈导师）的学生培养体制。专业学院建立行政班,配备班主任,把握学生学业状况,指导学生顺利完成学业,落实专业人才培养方案。洛科书院特有的"五级导师制"和行政班班主任制度,使学生充分感受到归属感,有利于书院集中精力做好学生的思想政治教育和课外日常管理。

"五级导师制"中,各级导师通过主题讲座、素质教育、工坊实验与社团活动等,使学生在思想成长、习惯养成、人生规划、学业发展、学术培养、创新创业、国际视野、校园生活等多层面多角度获得有效的教育引导,充分发挥各级导师在学生"成才+成长"方面双重引路人的作用。

班主任制度是为贯彻落实《普通高等学校辅导员队伍建设规定》和《高等学校辅导员职业能力标准(暂行)》,充分实现专业学院与书院的协作沟通,结合学校书院制改革而推行的管理制度。学业导师即班主任,聘期为2年,是以学生专业班级为单位来开展学生学业辅导的老师。任课教师负责本学科教学,而学业导师则全面负责管理班级学生的所有学业辅导工作。工作中,班主任定期召开主题班会,开展学生学业进展、心理健康及学风考风教育等方面的指导工作,分批开展对学生的定期约谈、问题回访跟踪等工作。同时,班主任与书院共同组建学生工作协同小组,形成学生体验问题定期通报、重大事项问题及时反馈解决、难点问题双院协同解决的管理沟通机制,进一步推进双院育人形成工作合力,充分发挥双院育人优势。学业导师是学校教师队伍的重要组成部分,是学校开展学生学业指导、职业规划的中坚力量。

1. 育人导师的职责

育人导师的主要工作职责如下：

（1）思想理论教育和价值引领。负责学生思想政治教育工作，加强学生的思想品德和健全人格教育，引导学生树立正确的世界观、人生观和价值观。

（2）社区党团建设。开展学生干部、朋辈导师等学生骨干人员的选拔、培养和激励工作。

（3）学生日常事务管理。组织开展学生基本安全教育；组织学生开展各类奖惩助贷工作，做好学生各项困难帮扶工作等。

（4）心理健康教育和咨询等工作。协助学校心理发展指导中心开展大学生心理健康教育工作，定期对学生心理问题进行排查、疏导，定期组织开展心理健康知识宣讲活动，引导和培养学生健康、乐观向上的心态。

2. 学业导师的职责

学业导师的主要工作职责如下：

（1）指导学生制定并完成学业规划。根据学生的知识基础、兴趣爱好、学科偏好和个人成长发展的个性特点，因材施教，个性化指导学生进行专业学习中长期计划，并督促学生落实学习计划。

（2）教育学生完善专业知识和技能体系，以就业为导向做好学生的实习指导工作。

（3）指导学生开展专业领域的科学研究工作，让学生参与课题研究。

(4)协调和督办书院和专业学院学生学业相关事宜。

(5)采取集中和分散相结合的方式,按照人才培养方案要求实施集中指导或分散指导。

3. 生活导师的职责

生活导师的主要工作职责如下:

(1)教育和引导大学生形成良好的行为习惯和生活习惯,同时做好学生日常礼仪、心理健康等方面的引导。

(2)负责学生的住宿管理,建立住宿人员信息台账,对住宿变动人员信息及时变更处理,抓好公寓内物产管理;建立物产台账,做好使用检验、调配、报修、维护等管理工作。

(3)负责公寓防火安全管理、卫生管理及学生住宿秩序管理。

(4)做好公寓与专业学院的工作协调配合,加强对学生宿管会的领导,发挥学生组织在公寓管理中的积极作用。

4. 社会导师(就业导师)的职责

社会导师由具备高水平专业技能的校外优秀人才担任,聘任期间对书院学生开展专业性教学及就业指导,并提供实践平台等。

主要工作职责如下:

(1)对学生进行发展规划与就业指导,把握学生发展方向。

(2)社会导师应通过就业讲座、现场指导、在线答疑等方式,经常性地为学生提供政策宣讲、就业培训等服务。支持书院的教学、科研、社会服务、学术交流与对外合作等活动。

(3)组织就业沟通技巧、仪表礼仪、职业发展规划等相关的专题讲座；开展集体答疑和座谈交流活动；引导学生积极参加高新科技类、社会实践类活动，充分挖掘和培养学生的主观能动性和创新意识。

(4)指导学生完成企业调研报告，为学生实习、社会调查、就业等提供帮助，指导学生设计和优化职业规划。

5. 朋辈导师的职责

朋辈导师主要从学生中选拔。主要工作职责如下：

(1)按责任分工做好新生入学迎接工作。积极主动联络所带学生，引导大一新同学尽快适应学校的学习和生活。

(2)引导学生树立正确的价值观。能够积极帮助和引领所带学生热爱学习，提高学习效率，更好地完成学业，积极努力营造良好的学风、校风。

(3)协助育人导师做好学生心理健康疏导工作，深入所带学生宿舍，以朋友、同学的视角与学生深入沟通、交谈，掌握所带学生生活、学习状况和思想动态。

(4)与所带学生的育人导师经常沟通、密切合作，做到将学生思想动态及时上传。

(四)督劝层

由书院各社区的学生宿管会成员和学生干部等组成，是书院管理网格的第四层。

各书院成立以学生主管为负责人的学生事务协调组，负责本书院和专业学院在学生事务中具体工作的对接、协调和协商。"双院"与职能部门采取定期召开联席会、协商会或OA信息沟通等办法，协商解决学生出现的新情况、新问题，实现学生信息的共通互享，努力为学生构建适宜、科学的成长环境。

督劝层有助于培养学生的团队凝聚力和工作积极性，提升学生的综合管理能力，为未来走向工作岗位做好准备。

(五)信息层

信息层，由书院各宿舍寝室长组成，是书院管理网格的第五层。书院制定信息管理机制，使基础信息可以为学校的各项决策提供有效的、重要的数据。

信息只有传递给需要的地方才会发挥应有的价值。由书院各宿舍寝室长组成一线信息层，可以提升信息的传递效率和信息的准确性，为相关决策提供依据，是学生信息管理的一项重要工具。

学校不断优化信息管理机制，开发利用数字化平台，为学生提供更好的、更便捷的信息传递途径，努力消除信息传递障碍，确保各类信息上报传输无障碍。信息管理机制是"智慧校园"建设的重要组成部分，有利于学校在动态管理工作中更好地收集问题和解决问题、处理突发事件，从而更好地建设绿色、友好、包容、开放的青年友好型职业大学。

洛科书院全力构建"纵横交错、权责明晰、紧密联动、有机监管"五级网格新型管理机制，为全方位做好学生管理工作奠定基础，形成了"全员参与、齐抓共管、服务师生"的良好局面。

三、书院管理制度

为提升书院理论研究水平和制度建设,学校设立了"洛科书院发展研究院",重点提炼洛科书院实践经验,提升书院理论研究水平,开展项目教学、基地建设和研学实验等工作,开启了洛科书院制理论研究与规范实践的新格局。

为保障书院顺利建设与良好运作,学校制定了一系列规章制度,包括《书院制管理暂行办法》《双院制下育人导师队伍建设管理办法》《双院制下班主任队伍建设管理办法》《关于做好学生公寓网格化管理工作的通知》《学业导师工作办法》《就业导师聘任管理暂行办法》《朋辈导师工作实施办法》《书院学分制实施办法》等,对专业学院学业导师、班主任,书院育人导师、就业导师、朋辈导师的工作提出具体要求。

(一)全员书院制度

1. 书院制管理制度概述

为促进学生个性化培养和全面发展,构建高等职业技术人才培养新机制,积极探索和创新独具职教特色的学生管理模式,学校实施"学院—书院"双院制改革,将学生管理工作由"校院两级分工"逐步转化为由"专业学院和书院"相互配合、分工协调,形成"双院制"协同育人长效机制。

书院制是落实全员育人、全过程育人和全方位育人理念的有效抓手。以书院为载体,以学分制管理为引领,充分调动全校师生员工参与育人工作的积极性,构建师生互动成长的共同体,打造书院公寓社区良好学习环境,促进学生健康成长。

洛科书院全面贯彻党的教育方针,坚守为党育人、为国育才使命担当,落实立德树人根本任务,探索实践"双院制"学生管理模式改革。专业学院全面深入落实专业人才培养方案,书院全面落实思想政治教育和素质养成教育工作,更好地提升学生的学业水平和综合素养,使学生的专业成就感和团队归属感不断提升。

洛科书院深入推进素质教育、专业教育和全人教育相融合,形成思想引领、知识传授、素质养成、能力提升、人格塑造、创新就业为一体的协同育人模式,努力通过双院育人为社会培养更多高素质技术技能型人才。

2. 书院人事管理制度

(1)书院办公室协同学校组织人事部门编制书院师资队伍建设规划,制定书院师资培训、提升计划;设置书院人员岗位,制定岗位职责和任职条件,做好公开招考选聘工作。

(2)组织好书院各类导师的考勤管理、履职考核以及奖惩工作,为校级以上考核提出初步意见。

(3)建立导师准入制度,由书院总院办公室对导师的资格进行认定,其中包括导师的思想品德、业务素质、身心素质,并建立相应的指标比重考评制度。

(4)设立各类导师联系工作制,建立五类导师队伍档案资料。按1∶200师生比例配置书院育人导师;根据人才培养及书院主题特色教育需要,积极推荐和选聘社会导师进入书院导师队伍,与书院的四级导师共同开展书院通识教育,特色实践技能、人生哲学、文化修养、社会事务等多元化教育辅导。

(5)建立导师激励机制:设定合理的薪酬和待遇,激发导师工作的积极性;建立职称评定制度,为导师提供晋升机会,完善导师职业发展机制。

(6)在学校政策支持下,以勤工助学等方式在书院学生中招聘各项工作助理,协助五级导师进行书院文化建设与管理工作。

(7)做好书院所有工作人员教育、培训、社会实践的相关记录、存档。

3. 书院财务管理制度

(1)书院严格执行学校财务管理制度,统筹保障书院资产的合理、高效使用。

(2)根据学校教育事业发展规划和年度工作计划,结合学校财务部门确定的经费分类定额,每年定期编制书院年度经费预算方案,做好经费管理和使用工作。

(3)在学校财务制度支持的范围内,公开书院财务预算。

(4)对本书院预算执行情况进行分析和自我评价考核。

(5)接受学校财务部门和检查审计部门的工作指导,接受群众监督,定期向书院全体员工通报财务情况。

4. 书院学生发展制度

(1)尊重学生的主体性和独特性,创新学生管理理念和举措,做好服务工作,促使书院学生形成更好地实现"自我管理、自我教育、自主发展"的成才理念。

（2）设立书院朋辈导师管理委员会，加强朋辈导师队伍建设，按1∶50比例从高年级选聘学业优秀、综合素养高的学生担任朋辈导师；倡导、鼓励、支持书院学生社团、主题特色工作室建设，不断加强对书院文化建设活动的激励与引导。

（3）按照学校统一部署，组织书院学生的各项比赛活动和第二课堂活动，积极探索富有特色的高职人才培养模式。

（4）负责书院学生综合素质拓展工作规划并组织实施和考核。

（5）根据学校规章制度，制定书院学生日常管理办法并组织实施；制定书院学生突发事件的应急预案和处理办法，并做好应急工作。

（6）做好书院社区学生干部的选拔、培养，学生干部聘用报书院总院办公室审核备案。

（7）配合学校心理咨询中心，做好书院学生心理咨询辅助工作。

（8）根据学校相关制度，对书院学生做出奖惩建议并报书院总院。

（9）尝试在书院学生中进行书院活动项目招聘和团队招募，激励、调动书院学生策划、组织、参与书院文化建设活动。

（二）双院管理制度

1."双院制"协同管理

"双院协同育人"模式下，新生自入学报到始，就开启了生活在书院、学习在学院的学习过程。

在专业学院，学生正常选课学习，进行学业考试。在书院，学生可同步利用第二课堂接受思政教育、素养培养，参与特色文化课实践实训。最后学生通过双院的学分（习分）审核，达到毕业水准，由此完

成学校的学习时光。

洛科双院育人流程如下图：

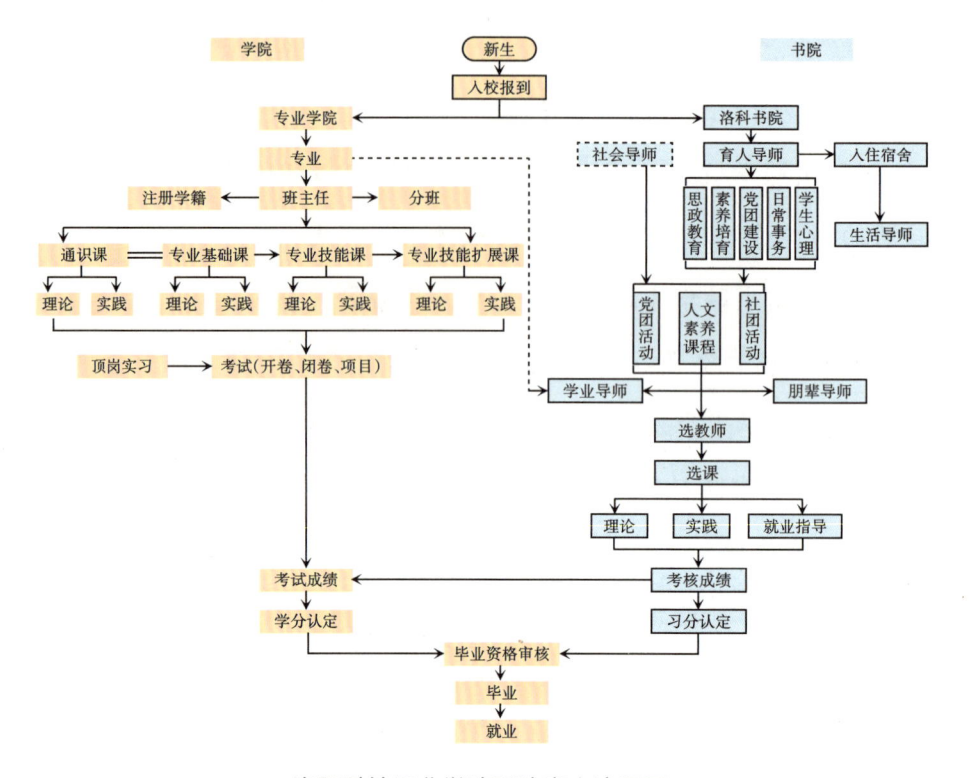

洛阳科技职业学院双院育人流程图

2. 书院制下全人育人功能

学校"双院育人"是学院专业知识教育、职业技能教育与书院核心素养养成教育相融互通的双轨并行机制。其中，学院重在"教"，让学生获得专业知识、提升职业技能水平；书院重在"育"学生人格，进行思政引领，潜移默化地塑造品德。以"双院育人"确保学生具备工匠精神的同时，提升人文精神。

书院制育人模式下，学校的业务结构分为三个层次，即决策层、赋能层和执行层。三个层级纵横交互，上下协同，实现全员、全过程、全方位育人目的，大力推进双院制育人改革。

第五章 洛科书院治理体系

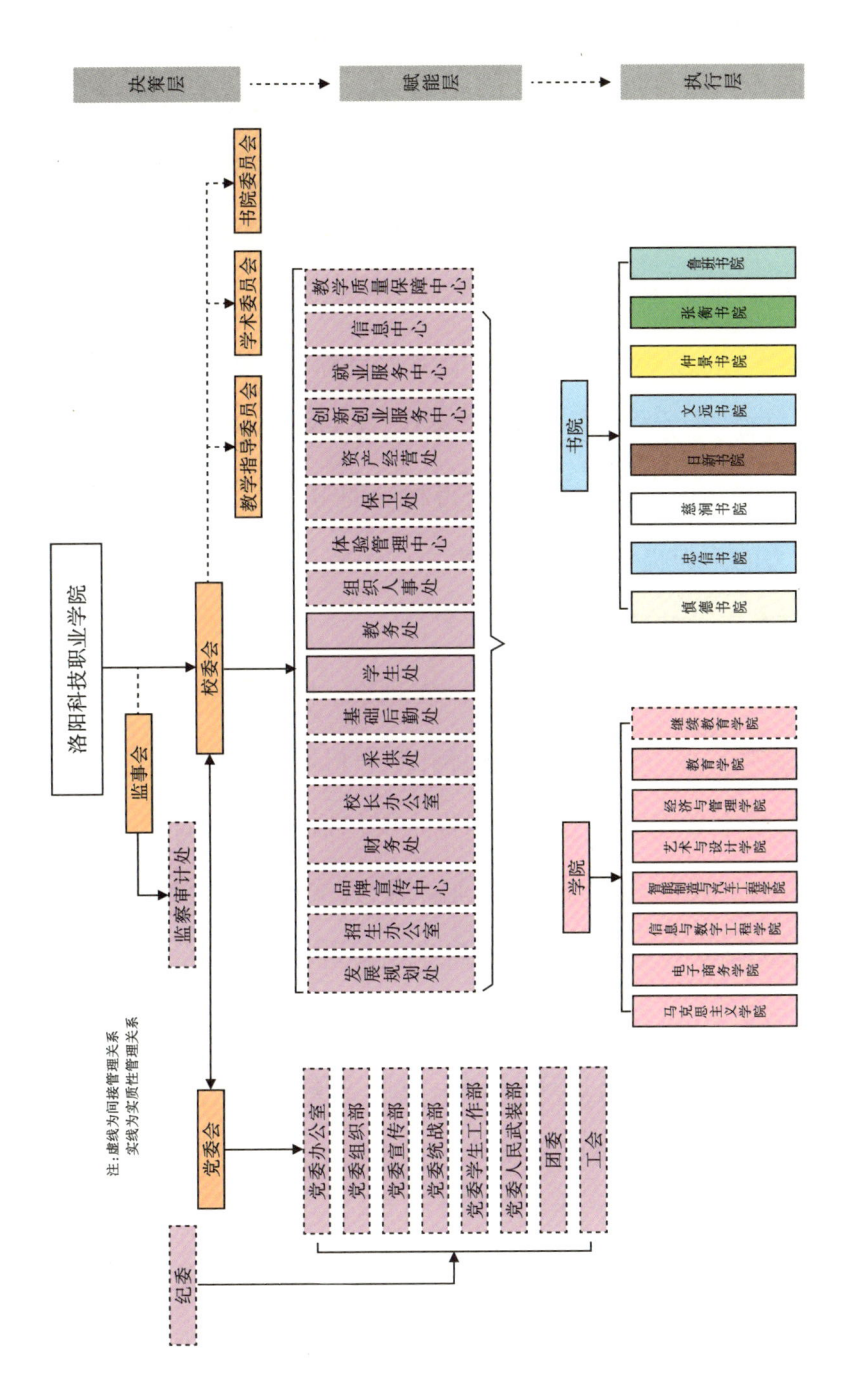

洛阳科技职业学院双院制业务结构图

153

3. 书院习分制管理制度

(1)习分制管理制度

书院实行习分制管理制度,采取每学年认定一次的办法。

实行习分制管理制度是为了在书院制模式下做好学生综合素养培养工作,有效促进学生在知识、能力和品格等方面的全面进步,进而推进终身教育的发展。

书院以全面提升学生素质和能力为目标,将素质教育融入学校育人的全过程、全方位,通过组织系统化、多元化、科学化的各类课程、活动及竞赛等,让学生通过参加获得相应的习分,实现学生综合素养和职业能力的全面提升和长足发展。

(2)特色工坊实验实训课

洛科书院开设的特色工坊实验实训课,由从国内聘请的知名专家和优秀教师授课,形成产学研一体化学习机制。

目前,学生必修的核心素养课程主要包括:公民教育、劳动教育、生命教育、法治教育、素质教育、职业教育、人文素养、领导能力等。

书院以河东人文精神和河西科学精神养成为引领,开设了礼射表演与汉弓制作、古琴表演与琴斫制作、剧本创作与微电影制作、汉服设计与制作、故事演讲与连环画绘制、皮影表演与制作、茶艺表演与中原壶技艺、礼乐文化与舞蹈表演等众多技艺工坊实验实训课,并全部纳入习分制管理体系。

根据课程体系和习分制管理办法,特色工坊实验实训课是必选课程。学生在校期间,必须选一门工坊课程进行学习,并且要通过测评考核,考核达标后方可得到相应习分。特色工坊实验实训课的设置,实现了发展学生特色技能的教育目标。

学校将书院课程纳入习分制管理体系是教学改革的重要举措,有效促进了学生对书院教育的认识和重视,有利于学生积极参与书院教育,同时提前规划、选择和参加书院系列课程活动,提升其素质和能力,增加其就业竞争力和职业选择优势。

此外,特色工坊实验实训课也得到了社会各界的广泛认可。学校特色工坊也采取多种方式加强对外开放,将优质的特色工坊课程对兄弟院校、合作企业以及社会公开,更加广泛地传承和发扬中华优秀传统文化,更好地服务社会,服务地方经济,让书院发挥更好的社会价值。

(三)沟通协调机制

"双院育人"模式下,新生自入学报到开始,就开启了生活在书院、学习在学院的"双院协同育人"进程。在专业学院,学生进行正常的选课学习、实验实习、学业考试;在书院内,同步接受思政教育、素养养成教育,进行特色文化实践等。最后通过双院的学分(习分)审核,才能毕业。

在书院制运行模式下,全校的所有部门、二级学院和各书院的工作可分为三个层级,即领导顶层设计的决策层,各行政职能部门组成的赋能层,再到实施教育的"双院"教育执行层,纵横交互,上下协同,全员、全过程、全方位育人。

学院书院建立沟通协调机制,定期召开书院工作例会,不定期与相关部门召开联动工作会议,确保沟通顺畅及管理体系的有效运行。

学校原则上按师生比1∶200的比例配备专职育人导师(辅导员),育人导师主要从事学生思想政治教育、学生日常行为管理、学生心理健康教育、学生资助、毕业生就业创业及评优评先等工作。各专业学院推荐任课教师担任书院学业导师,在书院实施专业学业指导,解决书院需要专业学院协助处理的有关学业的各项工作。专业学院根据年级和专业情况配备班主任,原则上行政班级由专任教师兼任班主任。学生接受专业学院和书院的同步管理。

学生双院管理责任

育人导师核心工作
- 思想理论教育与价值引领
- 书院社区党团建设
- 学生综合素养养成教育
- 学生日常事务管理
- 心理健康教育与咨询工作
- 网络思想政治教育
- 校园危机事件应对
- 职业规划与就业创业指导

班主任核心工作
- 学生思想教育,专业认知和学习方法指导
- 指导学生制定职业生涯规划
- 学生与任课教师之间的沟通与交流
- 指导学生开展专业实践活动
- 学风建设
- 协助育人导师做好毕业生就业创业指导,就业率统计和服务工作

洛阳科技职业学院双院育人管理责任

(四)质量评估机制

书院育人目标达成效果的评价是青年友好型大学人才培养过程中的重要环节。为了使书院课程评价体系更加科学合理,保障书院课程目标和育人目标的实现,保障书院育人质量的持续提升,书院围绕立德树人根本任务,遵循教育教学基本规律,根据学校人才培养质量评价管理办法,建立"评价方式多元化、评价主体多级化、评价过程动态化、评价手段科学化"的课程评价体系,制定了《洛阳科技职业学院书院育人质量课程评价管理实施细则(试行)》。

学院
1. 行政班主任
2. 任课教师
3. 学业导师
4. 就业导师

学生

书院
1. 育人导师
2. 社会导师
3. 学业导师
4. 生活导师
5. 朋辈导师

洛阳科技职业学院双院育人评价机制图

书院高度注重对职业标准和技术技能人才培养条件的研究，在课程评估体系中以人才培养方案的执行和课程教学标准达成度为核心指标，将人文素养、信息素养、传统文化知识等指标细化为评价内容，运用形成性评价和综合性评价相结合的方法，综合评价教与学的达标程度。

书院课程评价体系的评价主体是课程评估工作组成员，每年微调，三年整体调整。

评价方式包括外部评价和内部评价。外部评价主要是协同用人单位、毕业生等利益相关方和校外专家开展课程评价；内部评价主要是开展学校及书院内部的自评与研讨，开展同类学校的培养方案调研工作，开展学校教学指导委员会审定工作等。

在实际运行过程中，根据专业发展需求，学校也会不断修订完善课程评价体系，调整课程设置，保证课程体系的合理性和课程目标的达成。

(五)书院督导机制

为了推进双院育人制度的科学化、规范化,确保书院育人目标的实现和课程规划的落实,学校全面贯彻落实国家各项教育方针政策,并根据书院改革战略规划和布局,研究并制定了洛科书院督导管理办法,选聘优秀专家学者组成书院督导小组,加强对书院重要工作项目的监督,保障书院各项工作顺利开展。

督导工作有利于促进书院教育理念的落地,让学生从书院素质教育课程中学有所获、学有所成。督导小组将根据书院教学实际情况对书院改革及发展规划提出反馈建议,确保学校对书院制推行模式做出适时调整,确保书院制改革取得显著成效,达成预期的双院制改革发展目标。同时,督导机制也将更好地促进学校教学及行政管理改革,推进学校整体运行管理机制的进一步完善。

洛科书院成立两年以来,经过不断探索取得了良好的口碑,得到社会各界广泛认可。学校推行"双院"育人模式下的"五级网格化"管理运行机制是其成功的重要因素。洛科书院的创新管理思想和运行机制在全国书院制教育领域有着领先地位和重要作用。

未来,洛科书院将继续以创新为抓手,致力于打造中国职教改革的洛科模式,争做职教改革引领者,把书院打造成中原地区的文化高地,努力创办青年友好型职教书院。

第六章

洛科书院育人特色

一、洛科书院积极探索职教特色

（一）职教质量提升新方式

《中华人民共和国职业教育法》第二条规定："职业教育，是指为了培养高素质技术技能人才，使受教育者具备从事某种职业或者实现职业发展所需要的职业道德、科学文化与专业知识、技术技能等职业综合素质和行动能力而实施的教育，包括职业学校教育和职业培训。"明确指出职业教育要全面提升受教育者的综合素养，使学生的思想道德、专业技能、创新精神共同发展。职业教育要落实协同育人理念，做到政府统筹、校企合作、社会参与。

1. 职业教育发展现状

随着国家教育政策的调整，职业教育正在向好发展，其优势也在逐渐凸显。但目前，职业教育要解决的问题还有很多。

从社会层面来说：受应试教育思想影响，社会公众对职业教育的认可度不高。

从学校层面来说：政策落实不到位、实施速度较慢，生源不充沛，专业的针对性不够强等。

从教师层面来说：师资力量不充足、教师水平参差不齐等。

从学生层面来说：基础知识薄弱、知识面窄、心理素质差、职业规划不清晰等。

整体来说，职业教育目前还处于社会认可度中等、学生认同度低的阶段，因此，要统筹协调各方面力量，加强学生素质教育，提升教师队伍素质，实施针对性举措，加强对学生的心理、思政方面的引导，让职业教育真正做到培养技术技能型人才。

2. 协同育人提升学生素质

书院是洛科探索培养创新型人才的重要实践场所，也是全体洛科学子自我发展自我成长的"家"。发挥好书院内部的协同育人作用，就把握好了学生素质教育的主线。培养高素质技能型人才，就要立足协同育人理念，建构素质教育体系，这是学校当下应抓好的重点任务。

学工队伍要站在育人的最前端，为整个素质教育工作做准备，素质培养依托书院的学工队伍，技能培养依托学院的学工队伍，实现学院与书院双院协同育人。当然，学校要采取措施培养学工素质，使学工队伍的成员逐步成为领域的教育专家。

协同育人理念下的素质教育有助于学生思想品德的提升，有助于学生良好心理素质的形成，有助于学生科学文化知识的学习，有助于学生创新创业能力的培养。

（二）书院职教发展新特色

党的二十大报告指出："统筹职业教育、高等教育、继续教育协同创新，推进职普融通、产教融合、科教融汇，优化职业教育类型定位。"明确了职业教育的发展方向。

培养大国工匠、能工巧匠、高技能人才是职业教育的重点目标。随着教育改革的深入，我国的人才培养体系由"h"型"单一制"转向"H"型"双线制"（如下图所示），实现职业教育不仅有中专、大专、本科层次，还有硕士和博士层次，充分体现出普通教育与职业教育是两个不同类型的教育，两类教育同等重要，纵向贯通、横向融通，支撑国家高质量发展战略。

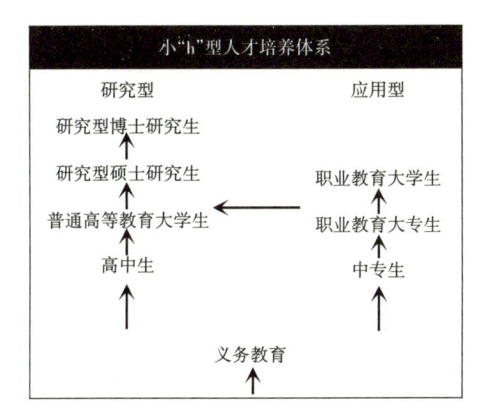

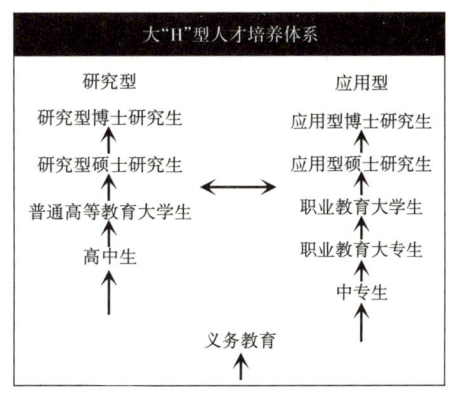

人才培养体系示意图

洛科书院的职教特色定位在"面向人人，坚持全员育人"。书院有党员导师、育人导师、生活导师和朋辈导师，学工体系全面融入书院，形成了五级网格化育人体系，让全员育人落到了实处。书院坚持"以学生为本"，充分尊重学生，激发学生的内驱力，让学生充分理解个体发展的重要性，积极向"厚德博学、内心充盈、敏行善言的高素质技术技能人才"目标努力。

(三)"三全育人"新模式

洛科书院作为探索高水平职业教育"三全育人"新模式的典范,遵循教育规律,努力突破育人瓶颈,全面提升学生素质和人才培养质量,同时,将书院育人与实现中华民族伟大复兴紧密联系,从理念、制度、师资等多方面进行全面谋划与创新。

1. 打造独具一格的书院文化

书院制是以学生公寓为教育空间,将学生的日常管理教育、主题教育和核心素养养成教育、思政教育、学生自治、理想信念有效结合起来,营造社会文化环境,为学生提供个性化发展平台,建立各具特色的文化之"家",通过素养养成教育、主题文化熏陶、创新创意创业项目、人文与科技系列讲座、学科拓展、文体娱乐、心理健康教育、职业生涯规划辅导和特色工坊实验实训等多种形式开展教育活动,营造独具一格的书院文化。

2. 组织五级网络化导师团队

书院构筑社区五级网格化管理机制,促使行政服务部门下沉到学生宿舍,全面实施全员教育,使书院真正实现学生跨学科、跨专业混编,构建"师生成长共同体",共享配套制度治理体系,完善学分(习分)制管理制度和综合素养评价体系。五级网格化管理机制,即一级网格为决策层,二级网格为管理层,三级网格为执行层,四级网格为督劝层(督促劝勉),五级网格为信息层。

决策层。在校党委指导下,成立书院管理委员会(简称"书管委"),统筹领导书院各项工作。书管委下设书院管理办公室(简称"书管办"),负责落实书管委的规划。书管委是书院工作的决策层,负责统筹、规划、协调和督导书院的各项工作;同时,书管委还负责讨论、拟定书院重大改革措施和重要规章制度等。

管理层。洛科书院管理层由书院总院院长加八个书院院长组成中层干部管理层,是书院管理网格的二级网格管理层。书院实行院长负责制,书院总院院长统筹书院发展的各项事宜。各书院院长为本书院第一责任人,主持书院全面工作。副院长/副书记协助院长工作,具体负责书院学生日常行政管理、学生管理、素质教育和文化建设活动等相关工作。

执行层。执行层是书院管理网格的第三层。在"五级导师制"中,各级导师通过主题讲座、素质教育、工坊实验与社团活动等方式,帮助学生在思想成长、习惯养成、人生规划、学业发展、学术培养、创新创业、国际视野、校园生活等多层面多角度获得有效的教育引导,充分发挥各级导师在学生"成才+成长"方面双重引路人的作用。

监督层。监督层由书院各社区的学生宿管会成员和学生干部等组成,是书院管理网格的第四层。各书院成立以学生主管为负责人的学生事务协调组,负责本书院和专业学院在学生事务中具体工作的对接、协调和协商。"双院"与职能部门采取定期召开联席会、协商会或OA信息沟通等办法,协商解决学生出现的新情况、新问题,实现学生信息的共通互享,努力为学生构建适宜、科学的成长环境。

信息层。信息层由书院各宿舍寝室长组成,是书院管理网格的第五层。书院制定信息管理机制,使基础信息可以为学校的各项决策提供有效且重要的数据。信息只有传递给需要的地方才会发挥应有的价值。书院各宿舍寝室长组成一线信息层,为相关决策提供依据,提升了信息的传递效率和信息的准确性,是学生信息管理的一项重要工具。

3. 重视培养学生的核心素养

书院以核心素养培育为事业灵魂,坚守初心、铸魂濯心、匠心创新,塑造高素质职业技能型人才。依据学生公寓楼的区域位置,以专业融合和学生人数与性别相对均衡为原则,以涧河为界,共设八个书院。书院具有独特的教育理念、培养目标、主题定位和创新设想,制定了《书院制管理暂行办法》《学生公寓网格化管理实施方案》等相关制度,书院社区促使学生文理专业互补、互相交流,承担学生生活指导、学业规划、习惯养成、文明礼仪教育、综合素质拓展和心理健康辅导与奖学资助等任务。

(四)书院社区化教育改革

目前高校普遍存在公寓化管理模式落后、育人功能缺失、文化活动品牌单一等问题。书院制管理可以有效改变这些现状。为推进书院制改革,学校按照总体规划及学生公寓楼的地理区域位置、专业融合、学生人数与性别相对均衡的原则,共设立八个书院。学校以涧河为界,河东以《大学》为据萃取名称,设日新书院、慎德书院、忠信书院、慈涧书院共四个书院,重点开展大学生人文素养养成教育;河西以古代科学技术大师命名,设鲁班书院、张衡书院、仲景书院和文远书院共四个书院,重点开展大学生科学精神和工匠精神养成教育。

1. 提升与强化书院社区教育功能

学校全面推行书院制育人模式改革,让不同专业和学科的学生交叉融合居住在社区里,通过多元文化的交流碰撞,文理渗透、专业互补、思想撞击,大幅提升跨界思维交流及其综合素养,把学生培养为社会急需的富有创新能力的综合型应用型人才。

第一,文化熏染教育。各书院公寓将单一住宿功能的物理空间改造为舒适的富有文化元素的生活学习社区,通过良好的书院文化熏陶,塑造学生的公民意识、高雅气质和高尚情操,充分发挥公寓潜移默化的育人功能。从环境视觉上看,各书院举办主题特色教育活动,以文化长廊、荣誉墙、宣传栏等形式进行作品展示,构建文化专区,包括功能室、沙龙区、阅览室等,营造集文化熏染、生活学习和健康休闲为一体的温馨家园。

第二,社区全人教育。在"服务进公寓,赋能一条线"思想的指导下,形成了"学校—书院—导师—学生层区—学生宿舍"五级网格化社区管理体系,实现了党建、学工、教学、后勤等部门服务的下沉。社区坚持"人在一线、心在一线、思在一线、干在一线"的"一线"原则,把服务学生的根本利益作为一切工作的出发点和落脚点,实现社区教育管理、服务工作与学生零距离。

第三,工坊实训教育。书院增添特色工坊实验室,革新社区工坊实训方式,丰富第二课堂教育内容,拓宽学生的文化视野,激发学生的创新创造思维,锻炼学生的动手操作能力,增加学生的体验感,强化学生习得技艺的能力,培养学生工匠精神。

第四,社区读书教育。社区为开拓阅读空间,设置流动书吧,通过丰富图书种类,让图书进社区,以多元方式开展人文素养浸润教育。同时书院与学院加强联络,开展学业导师课外咨询活动,举办"读书周""读书竞赛""书友会"等活动,增强师生、生生之间的交流互动,营造书香社区学习氛围,让学生通过阅读开阔视野。

第五,主题特色教育。社区举办各种社团活动,将课外活动引进社区,丰富学生精神生活,彰显书院理论传承与特色活动并重、情感教育与知识教育融合的特征。日常育人活动如:安全检查教育活动、朋辈互动活动等;特色教育活动如:社区主题讲座、社区文化沙龙、特色工坊活动、非遗技艺展演活动、创新创业服务活动、特技歌舞大赛等,为学生提供展示自我能力的平台。

第六,社区友情培植。社区文化活动是学生情商提升、友情孕育、文化交流和社交联络等综合能力培育的摇篮,社区举办"最美寝室""特色寝室""学习寝室""文化达人寝室""宿舍logo设计大赛"等文化比赛活动,提升社区文化品位,激发学生向上向善的积极性。

2. 促进公寓教育能力提升与转型

实施书院制改革后,公寓管理发挥三大功效。

第一,推进全人教育理念,激发人本教育力量。书院秉持"以人为本"的理念,注重以情倾心,将学生管理办公室设在公寓内,教育活动深入到宿舍,拉近与学生的距离,用心感受学生的情感诉求,以科学方法引导学生、激励学生努力向上。同时,公寓内设有"学业导师咨询室",积极推行书院与学院"双院""双师"育人机制落地,促进师生同频共振,既能学习知识,又能丰富学生积极的情感体验。

第二,设立学生自律委员会,促进学生自我管理。书院设立学生自治委员会,将管理权下放到学生手中,通过"自我教育,自我管理,自我服务"的管理模式,逐步引导学生进行自我管理,激发学生的主观能动性和独立意识,促使学生独当一面,在自我管理实践中勤于思考、勇挑重担。自律自治自我管理,是学生提高分析判断能力、独立工作能力、团体合作精神等综合素质的有效途径。

第三,朋辈导师进社区,加强生生交流。朋辈导师大体由两类学生担任:一是政治觉悟高、责任感强、成绩优秀并有一定班级管理经验的高年级学生;二是优秀毕业生或创业经验丰富的校友。利用朋辈之间年龄相当,经历、需求、心理认同相近等优势,引导和帮助低年级学生适应学校生活、提升自我管理能力,并引领有创业意愿者,进行创业学习与实践,提升学生创新就业能力。

3. 全方位开展活动打造书院教育品牌

为有效发挥育人功能,书院从四个方面打造教育品牌。

第一,完善核心素养体系,创新形成素养教育品牌。从理论上讲,书院素养教育体系是在《中国学生发展核心素养》六大素养教育基础上又增添了"国际视野"和"未来思维",形成培育八大核心素养的教育模块,对应八大书院,面向全校学生进行学习力、表达力、思考力、生命力、交际力、创新力、领导力、执行力等核心素养教育,打造独具职教特色的"一院一品"品牌。从课程设计上讲,开设了与核心素养能力密切相关的"中华优秀传统文化""劳动教育""美术欣赏""音乐欣赏""影视鉴赏"等课程,并以习分制形式落实推进,全面开阔学生视野,提高学生文化涵养,形成书院核心素养教育品牌。

第二，探索职教工坊模式，打造理实一体书院。书院除进行学生日常管理外，还建设了以"理论—实践—文创—职业孵化"能力逐渐提升为核心的"四位一体"工坊实验室，探索形成可复制、可推广、有理论、有实践、有成果的"职教工坊"模式。一方面，拓宽学生学术理论视野，提升社会实践活动实效，培养学生兴趣特长；另一方面，培养特色工坊大师团队，在辅导学生技艺的同时，开展学术理论与文化实践研究，并以项目申报或文创产品形式，完成书院核心素养教育成果的转化。

第三，开辟网络媒介外宣阵地，提升书院文化社会影响力。书院紧跟时代潮流，利用好抖音、网站、公众号等网络平台，开辟文化宣传阵地，展示温馨的"家文化"，展演丰富多彩的特色活动，发布职教工坊非遗技艺作品，如：礼射表演与汉弓制作、古琴表演与琴砑制作、剧本创作与微电影制作等，发表文创实训基地学术成果，发挥洛科书院教育、引导、宣传、凝聚和辐射带动作用，提升书院文化品牌的社会影响力。

第四，完善对外文化交流功能，推动书院品牌文化辐射。把传统技艺展示舞台搬进学校、搬进书院社区，以"引进来"与"走出去"相结合的方式，创新文化传承形式。通过申报"非遗技艺+教育"研学项目，构建一支知识渊博、技艺精湛、热衷施教的传统技艺团队，培育出礼射师、古琴师、茶艺师等传统技师。通过同类高校间的参观学习，主持召开学术研讨会等形式，展现洛科书院育人亮点，传播育人经验，促进同类院校文化交流、资源共享、强强合作，开展与研学旅行相关的学习和培训，发挥洛科书院文化辐射功能。

4. "三全育人"进公寓督促导师全程管理

第一，党建团建进书院。党建工作由专业学院移到住宿书院，党支部建设由班级移到社区，住宿书院的院长、书记、育人导师的办公地点均在学生住宿社区内。党务工作者的工作性质没变，但工作范围、工作方式方法已发生改变。

第二，"三全育人"进院，助推学生成长成才。学院、书院双院通过定期召开"两院联席会"，交流学生管理情况，协同促进学生发展。

第三，专业交叉融合，激发学生创新创造能力。住宿书院社区实现了不同学科、不同年级、不同背景的学生混合居住，提升跨界思维交流及协调领导能力等综合素质。

第四，育人导师专业化。育人导师由从传统的专业院系中分离出来，工作中心转移到大学生的思想理论教育和综合素养提升方面，既有利于育人导师（辅导员）专业化发展，又有利于学生的成长。

（五）书院职教品牌特色

1. 洛科职教书院核心文化

学校在提出青年友好型职业大学建设的同时，大力推进青年友好型职业大学书院建设。"十四五"时期，学校积极推进书院制改革，成立洛阳科技职业学院书院总院，并下设日新书院、忠信书院、慎德书院、慈涧书院、文远书院、张衡书院、仲景书院、鲁班书院等八大书院。各书院明确了特色定位，研究提出了清晰的核心素养与文化内涵。

作为洛科发展重要的一翼，洛科书院总院致力于成为扎根中原大地的职教书院典范。这一愿景是对学校发展初衷"成为扎根中原大地的高水平职业技术大学"的一脉传承。因此,总院的院训便是"扎根中原,光耀四方",而"厚德博学、敏行善言、内心充盈"的主题特色是对学校培养目标的承接。学校的校园环境是人文与科技相结合的,东校区打造人文校园,西校区打造科技校园。东校区的四大书院传承自洛科鼎,院徽、院旗分别围绕洛科之眼、洛科之耳、洛科之翼、洛科之角进行设计;西校区的四大书院围绕大国工匠打造,凸显工匠精神、科技精神。每个书院根据各自的内涵体系与院训,以核心素养为方向,打造思政文化、社团文化、工坊课程文化。洛阳科技职业学院书院与二级学院交相呼应,共同服务于"学生全面发展,高质量就业,做一个对社会有贡献的人"的教育目标。

总院院徽:以学术红为主色调,象征庄严、吉祥、沉稳、权威,又代表阳刚、热烈、浓郁和美好。双色同心圆三重叠加,核心主图是洛科鼎精神图腾纹样,鼎纹完整一色。洛科书院总院院名与院训,依中环环绕四周,寓意书院总院应肩负起洛科教育品牌和书院精神象征的重任,具备多元融通的领导力、凝聚力和执行力。

总院院旗:庄严的学术红底色图案展现了洛科书院厚重的仪容,适合于仪式感较强的文化场景;而白色明快底色的院旗,则更适合于风格各异的青春活力赛场。

洛科书院致力于以书院特色文化服务全校学生,书院与学院交相呼应,为"学生全面发展,高质量就业,做一个对社会有贡献的人"服务,这是双院育人重点探索和研究的方向。学院负责学籍管理、课堂教学、专业证书考核管理、实习实训、技能竞赛、学风建设等方面的工作,管专业,管技能;书院负责党团建设、心理健康服务、自主补助流程、社团活动开展、主题工坊开设、学生事务管理等工作。双院同时做好就业协同、思政协同、学生协同三方面的双向协同工作。

为培养全体学生的综合素养,2023年7月校长刘丽彬提出,洛科书院要在通识教育的基础上做好促进学生综合发展的工作。首先,在书院内部增设"职业素养发展中心"副处级教学单位,同时,职业素养发展中心下设"公共艺术教育中心"和"职业素质课程中心"两个教研室,旨在培养学生艺术层面的素质。将公共艺术课程与职业素养课程放置在书院开设,提升学生的整体修养,提升学校整体形象。

2. 核心素养下的"一院一品"

在校党委指导下,在书院管理委员会的统筹领导下,各书院明确了特色定位,提出了清晰的核心素养与文化内涵。

(1)日新书院的品牌打造

"日新"二字,出自《礼记·大学》:"苟日新,日日新,又日新。"寓意每天都在更新,发展进步迅速,不断出现新事物、新气象。

书院的核心定位是培养具有"国际视野"的学生,从思想、行动、结果三个层面出发,引导学生开阔视野,提升素养。国际素养包括全球视野、交流沟通、跨文化生存能力、价值创造等要素。因此,日新书院的主题特色在于培养学生的国际思维,并在此基础上,进一步发掘一切与多元化文化交流的行动力,最终通过协同运筹、多方合作等方式达到最佳合作共赢效果。

(2)忠信书院的品牌打造

"忠信"二字,出自《大学》:"是故君子有大道,必忠信以得之,骄泰以失之。"自己能够尽己所能,尽心尽力为大众,没有自私自利,这叫忠。顺其自然,不违反事物的规律,也不违背人心,要有诚意才能做到,这称为信。有了忠信,就能够得到大道。骄傲自大,目空一切,就会失去大道。

忠信学子要有拼搏奋进、昂扬进取的精神,要勇担重任,坚定信心,将自身发展融入实现国家发展战略的宏伟事业之中,为社会进步、国家富强做出杰出贡献。

(3)慎德书院的品牌打造

"慎德"二字,出自《礼记·中庸》。"博学之,审问之,慎思之,明辨之,笃行之。"寓意做学问必须广泛地学习、反复地推敲、缜密地思考、明晰地分辨。

"谨言慎行"是作为一个公民最核心的素养,而要培养这种核心素养就要时刻鞭策自己"吾日三省吾身"。慎德学子要在学习中不断钻研、反复推敲,培养思辨能力,在实践中坚持唯物历史观,牢记唯物辩证法,通过缜密的思考、明晰的分辨来指导行为,在实干中成就一番事业。在实践中不断地提升自身的素养和能力,乐于帮助他人,并且注重实践,知行合一,理论联系实际,言行一致,进而实现远大抱负和志向。

(4)慈涧书院的品牌打造

"慈涧"二字,出自《山海经》《水经注》。"瞻诸之山,其阳多金,其阴多文石,少水出于其阴。控引众溪,积以成川,东流注于谷,世谓之慈涧也。""谷水又东,俞随之水注之……世谓之孝水也。"

爱学生,以慈心面对学生、善待学生,对每一位学生保持友好之心,是每一位教师都必须做到的。在书院,关爱将伴随学生的每个时光。在这个核心素养的支撑下,学生会在慈爱的环境中成长,怀揣慈爱友好,影响身边的每一个人,面对以后任何的风雨。至真至善至美至诚的卓越品行,将助力人生行稳致远。慈涧学子须心怀大爱,让理想在奉献中成长,拓展生命的长度、宽度,提升生命的密度与温度。

(5)文远书院的品牌打造

"文远"二字源于南北朝时期著名的数学家、天文学家——祖冲之(字文远)。其主要贡献在数学、天文历法和机械制造三方面。

书院人才培养既要利用数字化的手段,又要培养学生的创新思维,将数字化技术与现有传统专业工坊进行联动,创建动漫制作间、数字影院、VR体验室等,通过高科技让学生真正理解和走近云世界、数字世界,感受数字技术的便利与强大,从而激发他们的求知欲和创造力。

党的二十大报告对"实施国家文化数字化战略"作出了重要部署。想要将数字思维这一核心素养作为品牌打造,书院就要扎实推进数字化思维的培养和传播,通过数字化平台,着力培育学生的数字思维能力,充分展现数字思维这一品牌的强大发展潜力和魅力,从而形成品牌效应。

(6)张衡书院的品牌打造

张衡为中国天文学、机械技术、地震学的发展做出了杰出的贡献,发明了浑天仪、地动仪,是东汉中期浑天说的代表人物之一,被后人誉为"科圣"。由于他的贡献突出,联合国天文组织将月球背面的一个环形山命名为"张衡环形山",将太阳系中的1802号小行星命名为"张衡星"。后人为纪念张衡,在河南南阳修建了张衡博物馆。书院名称由此而来,有寄托厚望于学子的意思。

书院的育人理念在于,培养学生拥有站在至高的位置上看向未来的能力,以及对未来发展有所规划的能力。要培养未来思维,首先要用全面发展的眼光去看待世界。书院创造有利于环境,运用各种方法培养学生的理性思维能力和长远眼光,例如通过头脑风暴室、抽象体验室激发学生进行学习、思考,练就未来思维。

(7)仲景书院的品牌打造

张机(约150—219),字仲景,河南南阳人,东汉伟大的医学家,汉灵帝时举孝廉,官至长沙太守。天资聪颖,勤奋好学,毕生研习医术,医德高尚,医术高明,有医学名著存留于世,被后世尊称为"医圣"。"仲景"二字源于此。

大学阶段是学生自我发展的主观化时期,学生对于自我的认知在"分化—矛盾—统一"中逐渐走向成熟。在这一阶段,学校教育的重要工作是帮助学生从意识、态度、行动等方面进行自我协调和自我激励,以积极乐观的态度面对一切事物。

书院打造"健全自我"的品牌素质教育,培养学生拥有正确的认知,引导学生进行自我反省、自我评价、自我提高,从而完善自我、超越自我、健全自我。在教育实践中,书院通过利用现有空间打造学生自我发展的平台,如开设冥想工坊、茶艺工坊、红十字急救工坊等。学生在冥想工坊中感受内心深处的需求;在茶艺工坊中培养耐心、细心的品质;在红十字急救工坊学习贡献、爱心精神等,从而实现全面提升,健全自我。

(8)鲁班书院的品牌打造

鲁班是春秋战国之交颇负盛名的能工巧匠,是职业教育的先行者。鲁班的职业教育思想至今深深地影响着后人。鲁班文化作为一种职业精神,体现了高素质技术技能人才职业行为和职业价值取向,是中国百业能工巧匠们的精神价值的代表,并在实践中不断丰富和发展。鲁班文化的内涵在于鲁班精神,一是勤奋、二是精湛,三是创新。

鲁班书院通过现有的工坊培养学生的动手能力、工匠精神,要求学生不仅要在职业教育的背景下学好自己的专业知识,更要在实践中逐步提升动手能力、营销能力、钻研精神等等。

未来,洛科将以力量大厦为依托,学习先进办学经验、传承宝贵精神,并抢抓时代机遇,蓄势积能、革故鼎新、先行先试、准确识变、科学应变、主动求变。未来,洛科将以崭新的教育理念,培养具有扎实理论基础、高尚道德品质、丰厚知识涵养、过硬实践能力的全面人才。

二、洛科书院八大核心素养

(一)书院核心素养诠释

1. 核心素养的含义

《教育部关于全面深化课程改革落实立德树人根本任务的意见》中明确把核心素养界定为"学生应具备的适应终身发展和社会发展需要的必备品格和关键能力,突出强调个人修养、社会关爱、家国情怀,更加注重自主发展、合作参与、创新实践"。品格是一个人最基本的个性品质,能力是一个人能否在社会立足的关键因素。必备品格体现的是一个人深层的内部需要,外显于人的行为处事上;关键能力是一个人在面对一项事务或处理一个问题时表现出来的判断力、洞察力、分析力、解决力等。

2. 书院核心素养的阐释

2016年,《中国学生发展核心素养》正式发布,提出全面发展的人应该具有的核心素养包括"人文底蕴、科学精神、学会学习、健康生活、责任担当、实践创新"。洛科各书院在此基础上,结合各自特色,凝练核心素养,每个书院的核心素养都与书院特色、书院院训、书院未来发展紧密相连。它们代表着各个书院的发展目标和未来期望。

(1)日新书院

书院核心素养:国际视野。

日新书院立足国际化发展方向,一方面通过吸引国外高校到校进行交流活动,提升洛科知名度,拓宽学生的国际视野,提升学生的交流交往能力;另一方面,通过设立各个专业的国际交流基地和专业成果展示平台,向外展示各个书院的学术成果,销售文创产品,并组织交流活动等。日新书院承载着为其他七大书院服务的职能,为各个书院工坊活动开展搭建传播与交流平台。

日新书院的国际视野核心素养涵盖了全球视野、国际交流、跨文化生存能力、价值创造等内涵。从思想、行动、结果三个层面出发,培养学生具有国际思维能力和意识,学习国际性的行业先进知识,将先进知识和经验用于实践创新,以满足国家的发展需求。

(2)忠信书院

书院核心素养:诚实笃行。

"诚者,天之道也,诚之者,人之道也。""博学之,审问之,慎思之,明辨之,笃行之。"书院学子要用求真务实的态度做人做事,在努力践履的过程中学有所得,使所学所得最终有所落实,做到"知行合一"。

不同的环境会塑造不同的人格品质。如果学生的学习环境中均是诚实笃行正能量的人,浸润在这个环境中的所有人自然都能够被这一优良品质所影响;反之,当身处谎言漫天、拖延抱怨的环境里,那么周围的一切的秩序就都是乱的,自然不能塑造个人的良好品质。人无信不立,诚实守信乃是为人之根本,亦是中华民族传统美德。学生要学有所得,更要努力践履所学,使所学最终有所落实,做到"知行合一"。

忠信学子应踏实、肯干,学一行、爱一行、专一行,做一个目标明确、意志坚定的人,真正做到"诚实笃行"。

(3)慎德书院

书院核心素养:谨言慎行。

"博学之,审问之,慎思之,明辨之,笃行之。"寓意做学问必须广泛地学习、反复地推敲、缜密地思考、明晰地分辨。谨,小心;慎,谨慎,即小心谨慎地说话、做事。"谨言慎行"四个字常被用来警示人的言行举止。很多人在面对不顺心的事情的时候,很容易一时冲动,说出伤害他人的话或做出一些日常自己都反感的行为和举动,这凸显了谨言慎行要内化的必要性。

作为一名学子,生逢其时,重任在肩,既是追梦者,也是圆梦人。

一方面我们要克己慎独,学会自律;另一方面,要大胆尝试,不断探索,且不忘初心,坚守初衷。学会自律是对当代大学生最基本的要求,正己而后可以正物,治身而后可以治人。一个人要想成功,必须严格要求自己,抵挡诱惑,坚守底线。总之,谨言慎行是每一个人都必须具备的核心素养,作为一名学子,更应该严谨其言论,审慎其行为,以身作则,提升自身的品质素养。

(4)慈涧书院

书院核心素养:慈爱奉献。

"吾有三宝,持而保之:一曰慈,二曰俭,三曰不敢为天下先。慈故能勇……夫慈,以战则胜,以守则固。天将救之,以慈卫之。""大道之行也,天下为公。"

老子有三宝极为珍视,首为慈爱,慈爱涵养浩然之气,慈爱所以能勇武,用于作战可取胜,用于守卫可坚固,天将建立之事,则以慈爱去守护;"天下为公"涵养奉献精神,提倡克己奉公,天下兴亡、匹夫有责。

从学校和教师的视角而言,慈爱体现在对后辈、学生的爱护和关心上,体现在对学生的日常生活管理中,体现在教书育人的全过程中。要培养学生以慈爱内修于心,以奉献外修于行,择大道、担大任、成大器。

在实现中华民族伟大复兴的中国梦的征途上,作为一名学子,应立鸿鹄志、做奋斗者,涵养浩然之气,克己奉公,踊跃在新时代新天地中施展抱负、建功立业,交出一份无愧于祖国、无愧于人民、无愧于时代的答卷。我们的学子只有达至真我、证悟真理,才能见天地、知敬畏、见众生、懂怜悯,见自己、明归途,才能不负韶华。

(5)文远书院

书院核心素养:数字思维。

数字思维可以理解为计算机本身的技术代码,也可以理解为数字时代各种创新的思维模式,以及媒介传播数字化、技术技能创新化相互交织的思维体验。因此,数字思维不仅仅代表计算机技术,还表达了数字思维模式下社会发展的远景,体现了社会中新兴的思维表达方式。在当下的数字时代,数字思维借助数字技术求解问题的意识、能力和方法,是解决问题的重要方式之一。

对于培养模式而言,书院确立数字思维这个核心素养的主要目的是体现学生的青春与活力。数字思维代表了一种跳动,寓意着坚持不懈、勇往直前的奋发精神,自由奔放、积极向上的思维模式,对学生未来的发展寄予了无限期望。书院的数字思维核心素养旨在培养学生借助数字技术求解问题的意识、能力和方法,让学生掌握数字时代解决问题的重要方式。

(6)张衡书院

书院核心素养:未来思维。

"粤若稽古,圣人之在天地间也,为众生之先。"一个"先"字写明了普通众生和圣人之间的根本性区别,只有具备前瞻的思维,把握未来的趋势为自己助力,才能从芸芸众生中脱颖而出。

未来思维是一种关于未来的前瞻性的思维方式,借用未来为现在提供动力。换言之,关于未来的想象、判断和信念会塑造今天的自己。不是每个基于未来思考的人都会成功,但成功的人一定是基于未来思考的。

张衡学子要认真规划未来,明确人生目标,丰富阅历,勤学好问,学以致用。在学习中寻找适合自己的目标,用知识的力量创造生活,创造价值,创造未来。

(7)仲景书院

书院核心素养:健全自我。

仲景书院的核心素养"健全自我"是由中国学生发展核心素养培养要求而来。从心理学角度来说,健全自我是属于心理意识层面的,与人格密不可分。健全人格的培养过程是一个人摆正自我认知态度后再次对自己人格层面进行自我评价、自我矫正、自我发展的过程。健全自我后的心理状态是一种较为稳定的心理状态。因此,培养学生的健全自我这一核心素养是非常有必要的。

自我教育,自我提升,自我健全,这是个人良好素养的发展过程。健全自我,意味着学生应具备适应终身发展和社会发展所需的必备品格和关键能力。不断健全自我,尽可能掌握世界变化发展的规律;尽可能了解自己的优势和劣势;尽可能发挥自己的优势,弥补自己的劣势;尽可能以一己之力立于时代洪流中;尽可能壮大,为爱你的人和你爱的人打造安稳的避风港。

(8)鲁班书院

书院核心素养:实证探索

实证,即将所获知识通过实践进行观察和验证,对应校训的"理实一体"。

探索,即基于实践中所获得的经验不断探索求新,对应校训中的"知行合一"。

鲁班精神的实质就是科学精神,实证精神、探索精神、创新精神都是科学精神的重要组成部分。重实践、提创新的理念,充分体现了鲁班书院通过文化工坊培养工匠精神和动手能力的决心。

现如今"大国工匠、能工巧匠"在各个行业中成为高频词,在职教大环境下,更应发扬工匠精神,培养学生的动手能力与创新精神。鲁班学子要想成为高技术技能人才,一定要德技并修,德技双馨。

对于鲁班学子而言,既要探究先进科技,也要传承传统手工艺技术,甚至要将两者进行结合,创新传承。

(二)核心素养蕴含职教特色

2022年,新修订的《中华人民共和国职业教育法》颁布实施,明确规定职业教育是与普通教育具有同等重要地位的教育类型,明确了职业教育的定位。近年来,教育部等部门陆续出台多项政策,促进职业教育向好发展。

发展职教特色是提升职教质量的重要部署。职教特色在于培养高素质技术技能人才,培养"大国工匠""能工巧匠",这也是现阶段我国职业教育发展的薄弱环节。为此,高职院校要明确行业、企业发展需要,加强校企合作,实现专业对接产业、教学过程对接生产过程、教学标准对接职业标准,实现校企双方互相支持、双向介入、优势互补、资源互用。

洛科书院根据学校的教育和文化特色,以及洛阳当地的发展特色,进行职教特色定位,加强理论(核心素养)和实践(技术技能)层面的课程设计,将学生的兴趣爱好转为学校的专业特色,最终为打造地方产业特色、产业支柱而做出相应贡献。

1. 职教特色的体现

洛科职教特色的核心在于洛科书院的核心素养教育,而核心素养教育最终落实在书院的工坊专业设置、教师资源的配置和环境氛围的营造上。书院工坊的专业设置区别于学校二级学院,旨在通过打造拥有职教特色的独特工坊,链接社会需求,紧跟时代需要。通过职教课程内容建设,让学生能够很快地融入实践环节,学习自己喜爱的技能和知识。

洛科书院的工坊建设已初见成效,工坊内部的专业设置借鉴了书院专业定位和专业就业需求,例如鲁班书院下设木工体系的古琴工坊和礼射工坊等。古琴工坊和礼射工坊的共同特点是教育学生利用木工技术进行产品加工。工坊实现产教融合、工学结合的育人模式,通过专业技术教学,让学生习得一技之长,锻炼实践能力、创新能力。

2. 职教特色的作用

把学生培养成为动手能力超群、技能技术高超的能工巧匠是书院工坊的教学目标。工坊教学与核心素养培育紧密相连。首先,工坊教学注重培养学生的精神品格,让学生成为健全自我、谨言慎行、诚实笃行、慈爱奉献的人;其次,工坊教学开阔学生的眼界,训练学生的思维,让学生进行实证探索,从而具备数字思维、国际视野、未来思维。

(1)理论层面

在书院工坊中,为了突出实践课程的优势,理论课的占比要比二级学院低。书院是要培养学生的动手实践能力,教会他们一技之长。但是,理论是实践的基础,书院工坊教学过程中将理论知识融合到实践操作中,让学生在"学中做、做中学",课堂教学体现出互动性、合作性、探讨性等特点。教学以学生为中心,及时关注学生学到了什么知识,教授方式是否有助于学生往深层次理解和探索,提升学生学习理论知识的兴趣,引导学生勤学好问,做到知其所以然。

(2)实践层面

2015年,国务院决定将每年5月的第二周定为"职业教育活动周"。在每年的职业教育活动周,各职业院校都准备了精彩的展示和特色的演出,既为学生搭建了平台,又做到了真正的实践,职业教育各个专业呈现出百花齐放的态势。每年的这一项活动,不仅促使各职业院校积极培养专业人才进行技能展示和技术操作,还助推职业教育高速发展。

"技术技能"是职业教育的显著特色,培养高技术技能人才,是职业教育的社会担当。洛科书院创设特色工坊,为学生搭建学习和实践平台。学生除了在二级学院学习自己的第一专业外,还能在书院工坊培养自己的第二专业或者第三专业,习得技术,提高自身综合素质。

喜欢古琴的同学可以在古琴工坊学习古琴的演奏,喜欢舞蹈的同学能够在舞蹈工坊尽情施展,喜欢美术的同学可以在美术工坊发挥想象,喜欢礼射的同学可以在工坊亲手制作弓箭。通过学习,学生可以丰富自己的专业知识,提升职业素养、动手能力、鉴赏能力、营销能力等。书院还利用传统节日,着力开展相应的文化活动,让学生学习、传承并发展优秀传统文化。不同专业和学科、不同年级的学生在工坊里一起学习,通过多元文化的交流碰撞,文理渗透、专业互补、思想撞击,大幅提升跨界思维交流能力及其综合素养。

洛科书院的定位是"成为扎根中原大地的职教书院典范"。在未来,洛科书院将紧跟时代发展步伐,大力实施产教融合,加强校企合作,把书院工坊建设工作提档升级,打造专属洛科的职教特色品牌。

三、核心素养养成与能力培养

(一)八大核心素养对应的能力

核心素养包含必备品格和关键能力。关键能力是非常重要的技能,是支撑学生在未来发展中能够客观分析问题、解决问题的能力,代表着学生的创造力、能动性,是学生在社会立足的根基。

洛科书院的八大素养所对应的关键能力主要体现在个性与交往能力、自主与探索学习能力、发展与未来规划能力方面。

1. 个性与交往能力

书院从谨言慎行、诚实笃行、慈爱奉献三大方面培养学生做人做事的能力。

(1)谨言慎行

谨言慎行包含着谨言和慎行两个方面。首先,"谨言"意味着语言文明。言语与情绪密不可分,情绪稳定和有耐心是进行良好表达的基础。言语文明在人际交往中至关重要,控制好情绪也就控制好了

"言"。情绪稳定,大脑才能慎重思考,言语才能文明。其次,"慎行"有"三思而后行"的意思。行动之前要先思考,明确事情可不可做、应该怎么做、如何做,再做出行动,这就做到了慎行。作为教师,谨慎言语,慎重行动,在培养学生的时候先学会稳定自己的情绪,不冲动、不急躁,张弛有度,这样才能够潜移默化地影响学生,使他们做到谨言慎行,从而提升学生的个人品质,让他们能够不卑不亢地面对各种情况。

(2)诚实笃行

诚实笃行是一个人的优秀品质。"诚者信也,信者诚也。"诚实笃行,要求先有"诚实"的品质,而后坚定不移地沿着"诚信"之路前进。"诚实"的道德要求很高,"诚实"是个人不可或缺的优良品质。诚实让人感觉到真诚,人与人之间也因为真诚而拉近距离,做起事情来也就很顺畅。

但是不可否认,有些人在生活交流中会用"撒谎"的方式获取信息或者获得他人认同感。为了减少学生的这种行为,作为与学生息息相关的书院要时刻提醒学生按照诚实守信原则做人做事。学生是成长中的人,只有坚持向他们传输正确的思想观念,培养他们诚实笃行的品格,就能让他们及时约束自己的不良言行,做诚实守信的人。

书院可以通过建立学生诚信档案、建立健全道德评价机制、树立诚信教育大教育观等,引导学生涵养诚信品质。同时,通过积极开展大学生文明礼仪教育,说实话、办实事、踏踏实实做人等主题教育活动,引导学生向着诚实笃行的方向发展,培养高尚品德。

(3)慈爱奉献

习近平总书记要求:"好老师对学生的教育和引导应该是充满爱

心和信任的，在严爱相济的前提下晓之以理、动之以情，让学生"亲其师"、"信其道"。好老师要用爱培育爱、激发爱、传播爱"。从教师的角度来讲，教师要做学生的好朋友和知心人。

在校园里，慈爱与仁爱通常是指教师对学生的一种情感、一种责任。身为教师，对学生无私奉献，对学生拥有慈爱之心，面对学生时就能尽情释放亲切与关爱。同时，教师的模范作用也会深刻地影响学生。当教师以身作则，关爱学生，那么学生就能看在眼里记在心里，最终会影响到学生的思想、行动和品质。心怀慈爱的学生未来走上工作岗位，他们以后面对学生、面对小一辈人的时候，也会以慈爱之心来与他人交际，这就是在校阶段接受思想洗礼之后的反馈。学校进行情感教育，学生在面对亲人、朋友、同学、教师、学校、社会等时，就有一颗慈爱之心、奉献之心，实现了核心素养的培育，从而实现了真正的育人。

2. 自主与探索能力

健全自我、实证探索是书院培养学生自我成长素养的两个层面。

(1) 健全自我，自信自强

健全自我，一是指心理上的健全自我，二是指身体上的健全自我。心理上的健全自我，指学生自主进行自信、独立、积极向上的心理建设，当遇到事情时积极探索、积极解决问题；不断发掘自己的长处，学会放大自己的优点。学习固然重要，但对于一个人来说，生活、自我调整也非常重要。作为社会中的一分子，自信自强是最健康的心理状态。身体上的健全自我，指学生主动锻炼身体，强身健体。身体素质好的学生一般表现出自信、乐观的状态，积极运动的学生自然也拥有青春活力，因此锻炼身体也是提高身体素质、提升自信心的重要途径。

洛科学子应不断健全自我,培养自主学习的能力,寻找最舒适的自我体验,在独立、自强、美丽的道路上不断前行从而成为健全的自我。每个人都可以找到自己的理想型榜样,并为之努力奋斗,形成健康而全方位的自我,从而找回真正的自己。

(2)实证探索,挑战自我

作为正处在青春美好时光的大学生,要树立积极向上的生活态度,不懈怠、不消极,要培养生命不息奋斗不止的探索精神。积极探索、实践,挑战自我,塑造自我。新时代的大学生要有勇于探索的意志和挑战自我的精神,铸牢奋斗的理想信念。只有坚定不移奋勇向前、全力奋发的青春,才是有生命价值的青春。

洛科学子,要在学习实践中积极探索,踏踏实实地学习知识和技能,灵活创新、坚持奋斗,涵养高尚道德。

3. 发展与面向未来的能力

发展能力是在基础能力以上可以升华的能力,发展能力不仅是个人所具备的必要能力,也是最重要的能力。

(1)数字思维

互联网、物联网、大数据、云计算、人工智能、区块链等是我们经常听到的数字技术。世界是变化的,我们每个人了解到的世界也是非常"局限"的,丰富的阅历和知识素养能够帮助我们更深入地认识世界,也能通过认知世界中的已知事物形成自己的思维。拥有了广博的知识,思维也就更活跃。

数字思维是人类所具有的高级思维特征。运用数字思维就要有敏感的数字概念,利用数字的观点思考问题和解决问题。数字思维不是天生就有的,是通过后天对这个世界的了解逐步形成的。与此同时,数字也是我们了解世界的形式之一,科技、信息、事物是相互关联的,运用灵动的数字思维,我们能了解更加"真实"的世界。

(2) 未来思维

对于未来思维的解释,重点在于"未来"两个字。"未来"是未知的,但同时也是可以"预见"的。"预见"的前提是运用现有的思维对未来的发展走向进行预判。未来具有很多不确定因素,但只要善于挖掘大量信息,就可以对未来世界进行预判。

作为学生,要稳扎当下,开拓思维,培育自己的想象力和创新力,提升自己对于未来的"预见"能力,大胆想象,勇敢向未来出发。

(3) 国际视野

新时代的青年,要有家国情怀,也要有国际视野。新时代的青年是国家发展的生力军,思想政治层面要与党和国家保持高度一致。

随着我国国际化进程的加快,中国青年与世界青年的交流频繁。青年的国际化交流推动了国家之间的交流,将不同种族的人凝聚到一起,促进了人与人、国与国之间的友好关系。

作为新时代的青年,要将传播中国优秀文化,参与国际文化交流作为自己的责任。要践行人类命运共同体理念,坚定服务人类发展思想,开阔国际视野。

洛科青年学子要积极投身传播友好思想、传播人类先进文化中,提升对外交流能力,促进人与人、国与国之间的更深层次的合作和交流。要树立世界眼光,尊重不同的文化思想,用大局观、发展观、世界观看待问题,促进个人、社会、国家的发展。

"世界大同,和合共生",各国之间和平共处是推动人类社会发展和进步的基石,广大青年要同国家一道为建设富强民主文明和谐美丽的社会主义现代化强国而不懈奋斗。

(二)关键能力育成全人学生

1. 全人教育

(1)全人教育的意义

所谓"全人",就是博雅通达、全面发展的"完整的人"。全人教育是一种跨文化的人才观,是西方全才教育观与中国通才教育观碰撞与交融的结果。全人教育是一个新思想、新理念,全人教育注重学生的情感、灵感的开发,以"人"为基础,把知、情、意、德、行融入教育,融入学生的全面发展。

培养全人学生,就是对学生进行德智体美劳全面教育。全人教育的目的是培养人的综合能力,改变学生在校期间只学习知识而不动手实践的情况。施行全人教育有利于细致、全面、深层次地培养人才,挖掘人才潜力,培养学生成为幸福的人。

目前我国有的高校设有"全人发展教育中心"和"通识教育中心",这种教育中心的设置对全人教育的发展有积极的推动作用。设置教育中心这种专门的机构进行全人教育,一方面有利于全方位帮助学生成长,另一方面可加强学生相互之间的沟通,提升学生的自主管理能力。

通识教育是一种人文教育,它强调价值性、广博性与贯通性,也是目前我国高校教育中的重点内容。加大通识教育的力度,完善人才培养方案,开辟新的课堂空间才能实现全人教育,帮助学生由单一发展向多元发展转变。

对于洛科书院来说,全人教育是切实可行的政策要求,书院要切实加强全人教育,为学生的全面发展保驾护航。

(2)全人教育的方式

对于全人教育,首先是观念上的认同,其次是机制的完善和行动力的加强,最后实现全人教育的育人目标。

第一,教育观念的先进性。在传统观念里,职业学校是差生集中的地方,接受职业教育是学生和家长的无奈选择。多数家长在面对学生的教育问题时,并不知道要让孩子走什么样的路,只是认为分数不够就去读职业学校,并且心理上并不认同职业教育。

近年来,国家大力支持职业教育发展,职业教育的社会认可度也逐渐提高,很多学生家长都在根据自己孩子的情况来了解职业教育的专业和职业教育的发展方向,职业教育向着更好更优质的方向发展,职业教育的地位逐步稳定。

学校和企业进行校企合作越来越频繁,培养出了许多符合社会需求的优质人才,推动了职教产业的高速发展。

第二,教育方式的创新性。在传统的职业教育中,理论学习占有较大的比重,专业课与市场脱轨的情况也存在,无法突出职业教育实践育人的特点。不仅学生的实践动手能力不强,而且他们对就业方向的认识也不太清晰。

近年来,我国加强职业教育改革,实践中学校采取了很多举措。首先是提高实践课程在职业教育中的比重,坚持理实一体、知行合一,理论在前支撑实践,实践依托理论而行,侧重点放在实践层面。其次,教师在进行专业指导时,尽力尊重学生的发展需求,因材施教,调动学生的主观能动力,激发学生的学习热情。最后,改变原来生搬硬套的教学方式,教学中创新方式方法,引入新的教育理念,根据不同学生、不同课堂、不同课程内容及时调整教学方法,采用项目式、启发式教学方式,引导学生学习知识和技能。

第三,教育资源的延展性。网络信息的快速交互,使我们获取资源的速度逐步增快,能了解到的资源也就越来越多。在我国,很多高校建立了教育资源库,实现了教育资源的融合与共享,构建起了内部的一条教育资源链,供所有在校师生共同使用。这是科技快速发展带动资源互通的结果。但是目前资源不能够很好地实现内外互通,多数学校只在自己内部共享教育资源。

对于洛科而言,要与兄弟院校构建教育资源共享平台,让教育资源得到充分利用与开发。同时,学校还可以与企业之间搭建桥梁,推进校企合作,促进校内教育资源库的升级。如今的教育是开放式的合作教育,我们还要走出国门,为学校教育资源的充盈提供更加强有力的支撑。

总的来说,教育资源的延展性就是把他人的教育资源融入进来,借鉴吸收后形成我们自己的教育资源,从而让自己的教育资源不断丰富,而后向外输出,形成"输入—输出—输入"的良好循环效应,为教育资源的多样性打好基础。

第四,评价机制的完整性。评价机制在职业教育育人的过程中起到质量监督的作用,完整的评价机制能够很好地控制整个育人过程。运用好评价机制,有助于学校更加真实地了解学生情况、教师情况、学生对教师的评价情况、学生对学校的意见和建议。

通过评价,学校能够反思教学的方法、观念、模式、目标等,及时查漏补缺,从而优化教学环境。同时,学校也可以对内部的服务商户进行质量监督,例如在洛科就实行了红黑榜制度,每月一评。找出问题,告知商户,进行整改后再次调研,仍存在问题的继续整顿。另外,评价机制同样适用于学校与企业之间的合作,对校企合作的方式、企业对学生的培养方案等都可以评价,通过评价与监督留下合格企业,淘汰不合格企业。

建立评价机制是为了促进学生的全面发展,打造一个平安和谐健康的校园环境,因此,评价机制的完整性至关重要。评价的内容应该是多方面的,包括学生的涵养、素质、发展潜力、创造能力等,教师的教学技术、教学态度、教学水平等。例如,在洛科,学院对学生进行理论知识学习的评价,书院对学生实践课程的学习情况进行考核。

2. 关键能力培养

(1)关键能力的作用

关键能力在全人教育中发挥着重要作用。全人教育以培养知识、能力、道德品质齐全的和谐人为目标。

在洛科,学生在学院学习专业知识,培养自己的专业能力;在书院,学生可以培养自己的兴趣、特长、爱好,并把它们发扬光大。因此,结合学生核心素养的构成,书院对学生关键能力的培养包括行为能力、思辨能力等方面。育智先育人,核心素养中的关键能力是打造"全人"的重要力量。作为教育工作者,在育人方面首先要坚持的就是学生能力的培养,因此,关键能力的培养是育成全人过程中最重要的部分。

(2)关键能力的培养

培养关键能力的第一步是思想政治教育。在洛科,思政课程和课程思政教育的职责主要在书院和二级学院。书院和二级学院坚持党的领导,落实国家的教育政策,立德树人,利用现有资源,将学生的道德教育放在日常教学中,融入学生的学习生活中,做到时时刻刻有思政,方方面面做思政。

第二步是发挥环境因素的育人作用,做好文化上墙、文艺展出等工作,利用书院内部的各个特色工坊,以文育人、以文化人。

第三步是把心理健康教育作为学生教育的重要工作,进行课程规划和师资力量配备。心理教育是最不容忽视的,心理教育不只关注个体心理健康,更帮助学生在校学习期间进行就业环境心理适应,使学生在毕业进入社会后能够有强大的心理素质。

第四步,利用书院特色课程的模拟实训,提高学生的职业道德,培养他们的职业精神、团队协作能力等综合素质,同时提高创新意识,积极与企业、社会对接,最终提升自己的综合协调能力。

四、书院主题教育育人特色

(一)书院总院的主题特色

书院总院主题特色:厚德博学　内心充盈　敏行善言

"地势坤,君子以厚德载物",即,"大地之宽广可比喻为君子,君子应有博大的胸怀和气魄来容纳世间万物";博,大通也,"博学",意在形容一个人有"学识广博"的特点。"敏行善言","敏行"出自"君子欲讷于言而敏于行",即君子在言语上要谨慎,但在行动上要敏捷。"内心充盈"形容一个人有知识、有智慧、有内涵、有自信,内心充实,并且做任何事情都可以达成心愿。这三个词旨在告诉学生,要做心胸宽广、品德高尚、学识广博的人,要独立自信、充实愉悦,做事不拖延,并能很好地控制自己的言行。

(二)八大书院的主题特色

每个书院的主题特色都与核心素养是相互贯通的,体现书院育人特色。

1. 日新书院主题特色:国际理解　交流交往　合作共赢

从思想、行动、结果三个层面,引导学生开阔视野,提升素养能力。国际视野包括全球视野、交流沟通、跨文化生存能力、价值创造等内涵。国际理解除了要有国际视野外,更要有包容一切外来优秀文化的心态,同时,还要培养学生解决问题的能力。因此,日新书院主题特色,即培养学生国际思维,并在此基础上,进一步发掘一切与多元化文化交流的行动力,最终通过协同运筹、多方合作等方式达到最佳合作共赢效果。

2. 忠信书院主题特色：忠诚信仰　坚定信心　奋斗青春

忠诚，代表着诚信、完成本职任务；信仰，就是为全面建成社会主义现代化国家而努力奋斗；"忠诚信仰"就是同学们要对党、国家、人民绝对忠诚、绝对纯洁、绝对可靠。

坚定信心，典出"安危不贰其志，险易不革其心"。坚定，指意志坚强，不动摇；信心，指确信自己的愿望一定能够实现的心理。

习近平总书记在庆祝中国共产主义青年团成立100周年大会上的讲话中，勉励青年"奋斗是青春最亮丽的底色，行动是青年最有效的磨砺"。有责任有担当，青春才会闪光。青年是社会中最有生气、最有闯劲、最具创新热情、最具创新动力的群体，要勇做新时代的弄潮儿。

3. 慎德书院主题特色：学问思辨　三思而行　履践致远

学问思辨，典出"博学之，审问之，慎思之，明辨之，笃行之"。慎德学子要在学习中不断钻研、反复推敲，培养思辨能力，在实践中坚持唯物历史观，牢记唯物辩证法，通过缜密的思考、明晰的分辨来指导行为，在实干中成就一番事业。

三思而行，典出"季文子三思而后行"。三思者，言思之多，能审慎也。三思方举步，百折不回头。慎德学子应万事考虑周全后再行动，一旦开始行动不管遇到什么样的困难都不退缩，敢于去面对和解决所遇到的问题，富有政治之思、本领之思、创新之思，又思而并行，行而向远！

履践致远，典出"青衿之志，履践致远"。年少的读书人，要有志向,只有脚踏实地把根基打好了,才能走得更远。寓意慎德学子要在实践中不断地提升自身的素养和能力,乐于帮助他人,并且注重实践,知行合一,理论联系实际,言行一致,进而实现远大抱负和志向。

4. 慈涧书院主题特色:至真至善　至美至诚　至行至远

"大学之道,在明明德,在亲民,在止于至善。""千教万教,教人求真;千学万学,学做真人。"

学理在于求真,事理在于求善。"至真至善"是做学问与做人的最高境界。它既是一种价值追求,又是一种行为规范。

慈涧学子只有达至真我、证悟真理,才能见天地,知敬畏;见众生,懂怜悯;见自己,不负韶华。

"夫得是,至美至乐也,得至美而游乎至乐,谓之至人。""唯天下至诚,为能经纶天下之大经,立天下之大本,知天地之化育。"学生只有体察到"至美",才能遨游于"至乐",达到"至人"。辨美稀珍,心纯净行至美,感知自然美、人性美,则充盈,则和谐。纯净无妄至诚,才能通经世之道,天地之中见小我,知不足而后勇。

慈涧学子要拥有感受美的心灵、辨别美的眼睛、创造美的能力,以至诚之心认识本我、追求真我,必能精诚所至、金石为开。

"路虽迩,不行不至。事虽小,不为不成。""道阻且长,行则将至;行而不辍,未来可期。"路途漫长充满险阻,坚持不懈,美好的未来就值得期待。至真至善至美至诚的卓越品行,将助力人生行稳致远。慈涧学子须心怀大爱,让理想在奉献中成长,拓展生命的长度、宽度,提升生命的密度与温度。

5. 文远书院主题特色：数智融通　科创融合　德技并达

为了加强数字化和智能化的融合，以支撑"数智革新"的高端技能人才培育，并增强职业教育适应性，就必须把数字化转型作为职业教育整体性、系统性变革的内生变量。以书院制为依托，文远书院的学生能够根据个人兴趣与知识能力进行双向选择。

加强科技与创新的融合，是新形势下职业教育发展的必然趋势，文远书院注重对学生科创兴趣的培养和潜力的挖掘。基于文远书院的大学生培养模式，确立了以人才培养为目标，以立体式培养为主线，改革学生培养体系，完善学生职业生涯规划，科学规划科创实践。

追求刻苦钻研、精益求精的工作精神，体现了职业道德精神品质，是职业教育发展的必要内质。把知识用于实践，在能力、品质培养过程中，目之所及、心之所向，通过自我参与和自我分析，构建一个相对兼顾的知识结构体系，完成自我认同、自我革新，并向同行、虽远必达，最终实现道德素养和知识技能的双提升。

6. 张衡书院主题特色：探寻未来　设计未来　创造未来

"探寻源流，志逸肥遁。"路漫漫其修远兮，吾将上下而求索，不登高山，不知天之高也，不临深谷，不知地之厚也。张衡学子要在学习和生活中无所畏惧，不断探索，要有不达目的誓不罢休的精神。

"运筹设计，让之张良；点将出师，属之韩信。"设计就是把一种设想通过合理的规划、周密的计划，通过各种方式表达出来的过程。

艺术是生活的升华，设计是艺术的呈现，生活里处处离不开精美的设计，张衡书院以此为主题特色，旨在告诫全体学生要持之以恒地学习,用心感受生活,热爱生活,在生活中追求美、发现美、感受美、创造美。

"至于秦汉,其制无闻,后汉张衡始复创造。"创造就是生产的过程,是一种典型的人类自主行为。因此,创造的一个最大特点是有意识地对世界进行探索性劳动。

张衡学子要不断丰富阅历,勤学好问,学以致用。在学习中寻找适合自己的目标,用知识的力量创造生活,创造价值,开创未来。

7. 仲景书院主题特色:规划人生　健全人格　发展身心

规划人生是一个长期健全自我的过程,希望仲景学子能在学会独立、学会做人、学会合作、学会学习、学会修身、学会感恩的基础上,为自己的人生作打算、作规划。

健全人格的培养不是学校教育阶段所独有,而是伴随着一个人的终身。从现实的角度出发,我们应当注重个性培养与责任感培养的融合,以培养出具有良好身心素质、高尚道德情操和完美人格的人。

发展身心是指人的体力和脑力的协调发展。鉴于人的身心发展的差异性,仲景书院要做的就是因材施教、长善救失,最大限度地促进每个学生的发展,通过组织不同类型的学生活动,多方面激活学生潜在长处。

8. 鲁班书院主题特色:勤于求证　善于制作　敢于创造

"勤"是中华民族传统美德。《礼记·玉藻》中提到"勤者,有事则收之",意思是勤奋的人,遇到有用的事情则转化为自己的经验。

"善"指擅长、专长、独特出群,体现精益求精、追求卓越的"工匠精神"。

科学精神其中一个维度是创新精神,鲁班书院学子要敢于创新,勇于创新,努力成长为高技能、高素质的"大国工匠"。

(三)书院主题特色的特异性

全国实行书院制的学校,许多是按照文、理、工科等分类,而洛科书院是依照文化、核心素养等进行分类;全国书院中本科类综合书院较多,职业类较少,而洛科的书院制改革在民办职业大学里是先行者。洛科的书院模式在短时间内快速发展,并迅速形成规模。因此可以说,洛科书院的书院制改革是具有超前性、迅速性和职教特色的。

洛科各书院的主题特色涵盖面非常广,尤其以工坊的建设最为典型,涉及学生发展的多个方面,如生活、学习、交往,升学、就业、创业等,从多方面教学生学会做人、做事,然后成人、成事。

洛科在两年时间里深化书院制改革并且取得了显著成效,以建立"青年友好型职教书院"为目标,将创新、传承两个方面融入教学实践当中,创新开发符合时代要求的教学内容,传承中国优秀传统文化。各部门之间相互促进,以学生为中心开展各项育人活动,加速推进洛科的发展。

(四)主题特色与核心素养融通

主题特色是灵魂,核心素养是关键,主题特色承载着核心素养的要求,核心素养的诠释离不开主题特色的支撑,这两个元素共同构成了八大书院的育人目标。

日新书院:核心素养"国际视野"与主题特色"国际理解、交流交往、合作共赢"相结合,希望学生在学好课本知识之外,能够积极探索外面的世界,形成国际思维、国际视野,从而在社会中积极奉献,充实自我,提升自我,拥有善于交际的能力,从容面对所有的事情。

忠信书院:核心素养"诚实笃行"与主题特色"忠诚信仰、坚定信心、奋斗青春"相结合,希望学生做任何事情都要诚实、善良,不以善小而不为,不以恶小而为之,任何时候都要遵从自己内心的想法而行动,自信、自强,勇于奋斗,勇于拼搏。要用求真务实的态度做人做事,在努力践履的过程中学有所得,并使所得最终落实,做到"知行合一"。

慎德书院:核心素养"谨言慎行"与主题特色"学问思辨、三思而行、履践致远"相结合,希望学生在学习中不断钻研、反复推敲,培养思辨能力,在实践中坚持唯物历史观,牢记唯物辩证法,通过缜密的思考、明晰的分辨来指导行为,在实干中成就一番事业。慎德学子应万事考虑周全后再行动,一旦开始行动不管遇到什么样的困难都不要退缩,敢于去面对和解决所遇到的问题,要富有政治之思、本领之思、创新之思,又要思而并行,行而向远!

慈涧书院:核心素养"慈爱奉献"与主题特色"至真至善、至美至诚、至行至远"相结合,希望学生拥有感受美的心灵、辨别美的眼睛、创造美的能力,以至诚之心认识本我、追求真我,必能精诚所至、金石为开。希望学生心怀大爱,让理想在奉献中成长,拓展生命的长度、宽度,提升生命的密度与温度。

文远书院:核心素养"数字思维"与主题特色"数智融通、科创融合、德技并达"相结合,寓意学生能够拥有数字思维,在学习与实践中拥有严谨的态度,德智兼修,德技并达。

张衡书院：核心素养"未来思维"与主题特色"探寻未来、设计未来、创造未来"相结合，寓意希望学生丰富阅历，勤学好问，学以致用。在学习中寻找适合自己的目标，用知识的力量创造生活，创造价值，开创未来；希望学生能够拥有前瞻性思维，提前规划好自己的人生之路，要坚定信念，探索未来。

仲景书院：核心素养"健全自我"与主题特色"规划人生、健全人格、发展身心"相结合，希望学生能在学会独立、学会做人、学会合作、学会学习、学会修身、学会感恩的基础上，为自己的人生作打算、作规划。

鲁班书院：核心素养"实证探索"与主题特色"勤于求证、善于制作、敢于创造"相结合，寓意希望学生养成精益求精、追求卓越的"工匠精神"，敢于创新，勇于创新，努力成长为高技能、高素质的"大国工匠"。勇于进行实践探索，对未知问题积极求证。

主题特色与核心素养一脉相承，既承载了学校对学生的期望，更体现了"以学生为中心、以学生为本"的核心育人理念。

五、书院特色职教课程建设

书院紧紧围绕"以学生为中心"进行课程建设，成立了公共艺术教育中心和职业素养课程中心，开设有劳动教育、生命教育、中华优秀传统文化教育、大学生职业生涯规划等课程。课程建设旨在培养学生的领导力、国际交往能力，提升学生的综合素质，帮助他们树立正确的职业观、择业观、创业观以及成才观，成为具有良好人文素养、职业道德、创新意识和工匠精神，具有较强的可持续发展能力，掌握本专业知识和技术技能,厚德博学、内心充盈、敏行善言的高素质技术技能人才。

(一)书院素养课程创新性改革

1. 职业素养发展中心成立

职业素养的基础在于职业技术,精髓在于职业理念,根本在于职业精神。2023年7月,洛科书院的职业素养发展中心成立,构建以综合素养提升和促进就业为导向的职教课程体系,从行为习惯、心理素质、沟通能力、职业道德、思维能力等方面培养学生成为德才兼备的人才。

2. 职业素养发展中心课程配备

职业素养发展中心由公共艺术教育中心和职业素养课程中心组成。成立后即刻进行了课程、管理、师资等总体规划。

首先,将音乐鉴赏、美术鉴赏、影视鉴赏、书法鉴赏四门公共艺术鉴赏类课程放置到公共艺术教育中心开设,实现"混合式教学+社团化教学"。音乐鉴赏,即线上Mooc+4致敬经典音乐会/"嗨唱校歌"大赛+8音乐赏析;美术鉴赏,即线上Mooc+4美术展(我画"最美洛科")+8美术赏析;影视鉴赏,即线上Mooc+4经典影视会(我讲"最美国产影视")+8影视赏析;书法鉴赏,即线上Mooc+4书法展(写春联/临摹"洛科赋"大赛)+8书法赏析。

其次,职业素养中心开设职业生涯规划、就业指导、创新创业、礼仪与沟通课程,进行主题式教学、项目式教学、模块化教学等,培养学生的职业价值观、职业素养和就业能力,以及提升学生的礼仪修养和沟通表达能力。

特别值得一提的是，书院对中华优秀传统文化课程进行充分论证和规划，课程分为文化活动（中秋节、重阳节、春节）、优秀文化经典讲授、职教工坊（礼射、古琴、礼乐舞蹈、刺绣、故事演讲与连环画绘制），坚持"理—实—坊"一体化教学，供学生进行个性化选课。

同时，职业素养中心还自编活页式教材，总结职业素养中心发展成果，为素质教育提供学习资源。

(二)特色职教工坊的创新模式

洛科书院的职教特色工坊建设在同类学校中具有典型性和开创性。书院与职教特色工坊一起设立，既为书院的良好发展打下了坚实基础，又给工坊的发展提供了力量支撑。工坊的发展围绕书院的"四位一体"目标推进，各种课程以学生为中心，不断扩充、更新和发展，提升学生的专业技能，发挥学生的兴趣爱好。学生在书院生活，在工坊学习，提升了能力，开阔了视野，提高了综合素养，为以后步入社会、展示自我提供了坚实保障。

1. 特色工坊教育创新举措

洛科在特色工坊的建设上实施了多项举措，传承与发展传统文化是其中重要的一项。工坊的设立理念既体现了中国优秀传统文化特色，又结合了时代要求。在教育模式上也借鉴了古代传统书院的授课方式，实行小班教学，实践先行，理实一体。

洛科的职教特色工坊教学已取得显著成效，在此基础上，我们一方面对已有工坊的教学与管理进行完善，另一方面根据学科发展需要增加新的工坊。文远书院目前已在论证新的三个工坊:塑创工坊(3D打印)、妙创智数工坊(网端设计)、祖冲之空间。

2. 特色工坊教育模式落地

从2021年至今,特色工坊的教育模式已初见雏形,工坊内部的实践课程为学生提供多种未来的选择。书院体制改革以学生为中心,在实践中不断完善,有力促进特色工坊教育模式落地。

3. 特色工坊的规划与建设

洛科书院在课程建设中进行了一系列部署。2023年4月,针对部分在校生开展了一次书院2023学年第二学期拟开设课程喜爱度调查,共预设了8个工坊课和9门实践课程,并对它们进行问卷调研。8个工坊课,即礼射表演与汉弓制作(工坊)、古琴表演与琴斫制作(工坊)、礼乐文化与舞蹈表演(工坊)、皮影表演与制作(工坊)、故事演讲与连环画绘制(工坊)、刺绣技艺与女工文创(工坊)、舞狮(社火)(工坊)、剧本创作与微视频制作(工坊);9门实践课程,即领导力开发、保健推拿、自媒体创作与运营、写作与沟通、可回收物品再设计、交际舞、奥尔夫音乐体验、人际交往、经典诵读。调研分为四项,三个单项选择和一个自填项:第一,我最喜爱的课程(第一志愿);第二,我喜爱的课程(第二志愿);第三,我喜欢的课程(第三志愿);第四,自填课程。此次调研共收集了1082份问卷,我们对问卷结果进行了分析。

第一志愿中,礼射表演与汉弓制作(工坊)课程位居榜首,超20%的被调查者选择此课程;古琴表演与琴斫制作(工坊)课程和人际交往课程位居二、三。

第二志愿,除了第一志愿中的礼射表演与汉弓制作(工坊)、古琴表演与琴斫制作(工坊)、舞狮(社火)(工坊)与人际交往、自媒体创作与运营、保健推拿之外,礼乐文化与舞蹈表演(工坊)、剧本创作与微电影制作(工坊)等课程热度较高。

第三志愿,学生喜欢的课程有经典诵读、写作与沟通、领导力开发、奥尔夫音乐体验等。

由此,我们在进行课程安排时,会根据学生的需要进行弹性调整,让课程的喜爱度与可开设程度基本保持在同一个层面。

对未进入选项的课程,我们让学生进行自由填写,学生填写次数较多的课程有音乐(唱歌、钢琴)、服装表演(汉服表演)、舞蹈(现代舞)、美术(书法)、语言(配音)、体育(羽毛球、足球)等。做此选项的目的是以后进行课程安排和调动时酌情考虑学生的诉求。

经过认真调研和分析,我们得出了最终开设的课程共10门:礼射表演与汉弓制作(工坊)、古琴表演与琴斫制作(工坊)、人际交往、礼乐文化与舞蹈表演(工坊)、故事演讲与连环画绘制(工坊)、刺绣技艺与女工文创(工坊)、舞狮(社火)(工坊)、剧本创作与微电影制作(工坊)、自媒体创作与运营、交际舞。

最终,礼射表演与汉弓制作(工坊)、古琴表演与琴斫制作(工坊)、礼乐文化与舞蹈表演(工坊)、故事演讲与连环画绘制(工坊)、刺绣技艺与女工文创(工坊)五门课程已于2023年9月在职业素养发展中心开课。

学生喜爱度调研

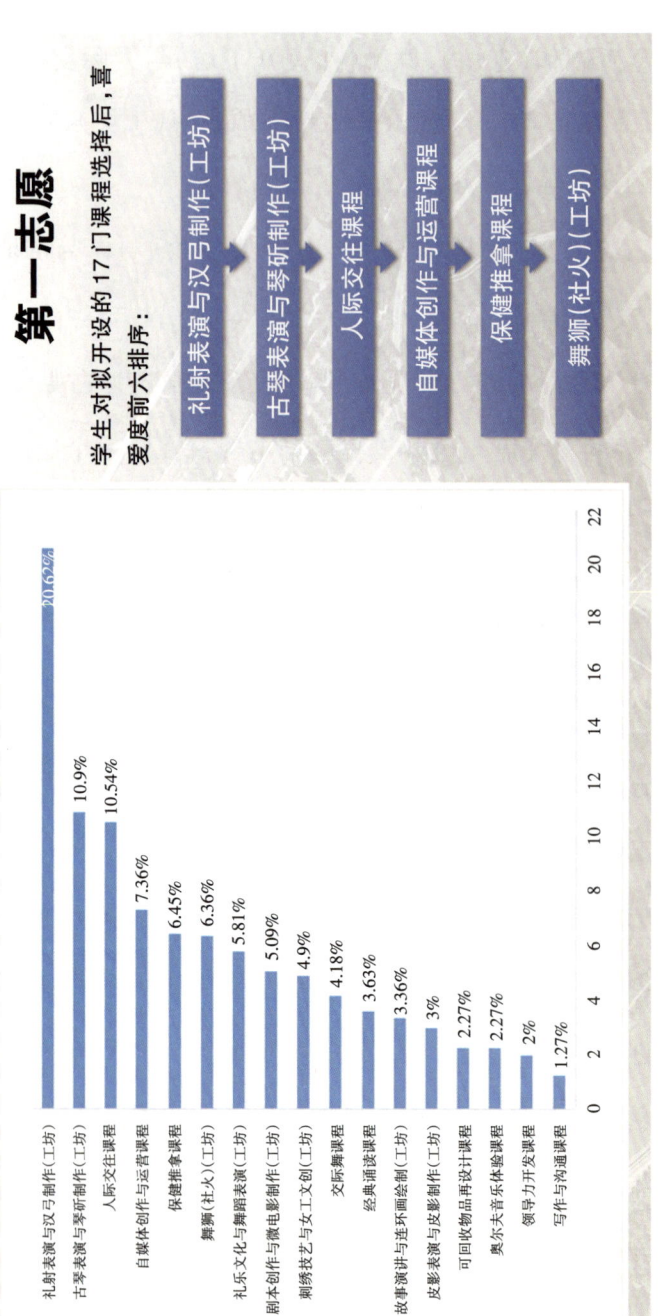

学生对拟开设的17门课程选择后，喜爱度前六排序：

第一志愿

礼射表演与汉弓制作（工坊） → 古琴表演与琴斫制作（工坊） → 人际交往课程 → 自媒体创作与运营课程 → 保健推拿课程 → 舞狮（社火）（工坊）

课程	比例
礼射表演与汉弓制作（工坊）	20.62%
古琴表演与琴斫制作（工坊）	10.9%
人际交往课程	10.54%
自媒体创作与运营课程	7.36%
保健推拿课程	6.45%
舞狮（社火）（工坊）	6.36%
礼乐文化与舞蹈表演	5.81%
剧本创作与微电影制作（工坊）	5.09%
刺绣技艺与工文工创（工坊）	4.9%
交际舞蹈课程	4.18%
经典通读课程	3.63%
故事演讲与连环画绘制（工坊）	3.36%
皮影表演与皮影制作（工坊）	3%
可回收物品再设计课程	2.27%
奥尔夫音乐体验课程	2.27%
领导力开发课程	2%
写作与沟通课程	1.27%

学生选修工坊课程第一志愿调查数据

学生喜爱度调研

课程	百分比
礼射表演与汉弓制作(工坊)	24.53%
古琴表演与古琴斫制作(工坊)	12.9%
人际交往课程	10.35%
自媒体创作与运营课程	8.36%
保健推拿课程	6.63%
礼乐文化与舞蹈表演(工坊)	6.45%
舞狮(社火)(工坊)	5.63%
剧本创作与微电影制作(工坊)	5.18%
故事演讲与连环画绘制(工坊)	4.72%
皮影表演与皮影制作(工坊)	4.45%
交际舞课程	4.36%
刺绣技艺与女工文创(工坊)	3.72%
领导力开发课程	3.45%
经典诵读课程	2.91%
写作与沟通课程	2.45%
可回收物品再设计课程	2.18%
奥尔夫音乐体验课程	1.73%

第二志愿

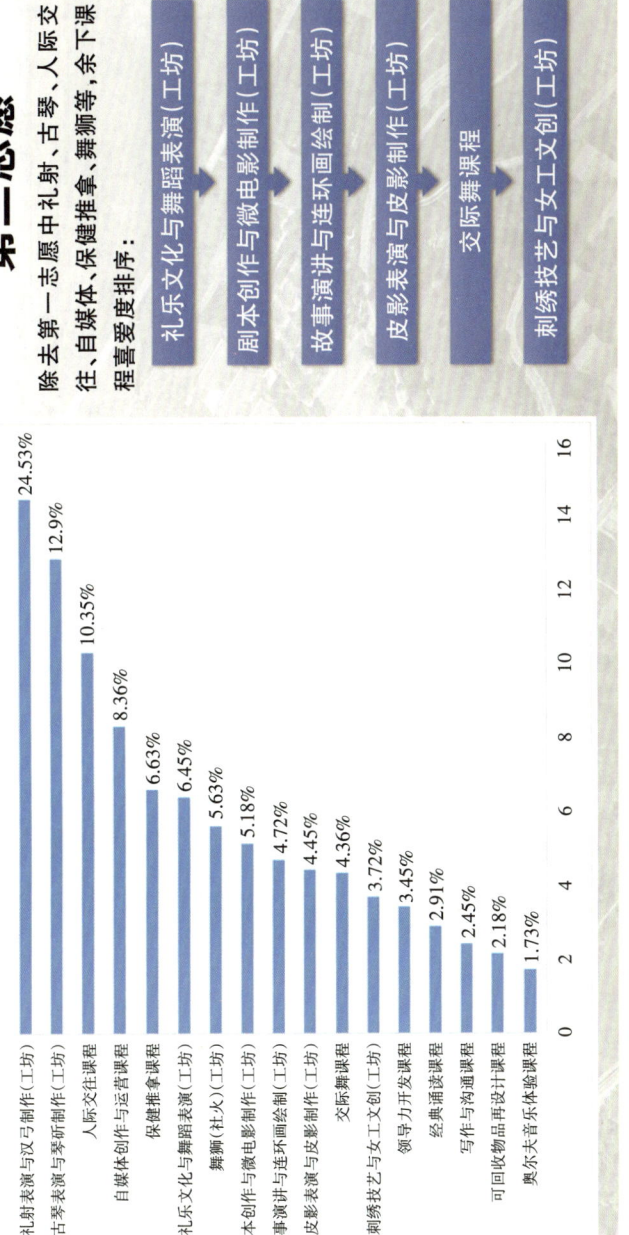

除去第一志愿中礼射、古琴、人际交往、自媒体、保健推拿、舞狮等，余下课程喜爱度排序：

- 礼乐文化与舞蹈表演(工坊)
- 剧本创作与微电影制作(工坊)
- 故事演讲与连环画绘制(工坊)
- 皮影表演与皮影制作(工坊)
- 交际舞课程
- 刺绣技艺与女工文创(工坊)

学生选修工坊课程第二志愿调查数据

207

学生喜爱度调研

课程	比例
人际交往课程	11.9%
礼射表演与汉弓制作(工坊)	11.63%
古琴表演与古琴制作(工坊)	8.45%
礼乐文化与舞蹈表演(工坊)	7.9%
剧本创作与微电影制作(工坊)	6.18%
保健推拿课程	6.18%
自媒体创作与运营课程	5.9%
舞狮(社火)(工坊)	4.81%
交际舞课程	4.63%
经典诵读课程	4.63%
皮影表演与皮影制作(工坊)	4.54%
故事演讲与连环画绘制(工坊)	4.54%
写作与沟通课程	4.18%
刺绣技艺与女工文创(工坊)	4.09%
领导力开发课程	4%
奥尔夫音乐体验课程	3.45%
可回收物品再设计课程	3%

学生选修工坊课程第三志愿调查数据

第三志愿

除去一二志愿中的课程，余下课程喜爱度排序：

- 经典诵读课程
- 写作与沟通课程
- 领导力开发课程
- 奥尔夫音乐体验课程
- 可回收物品再设计课程

学生喜爱度调研

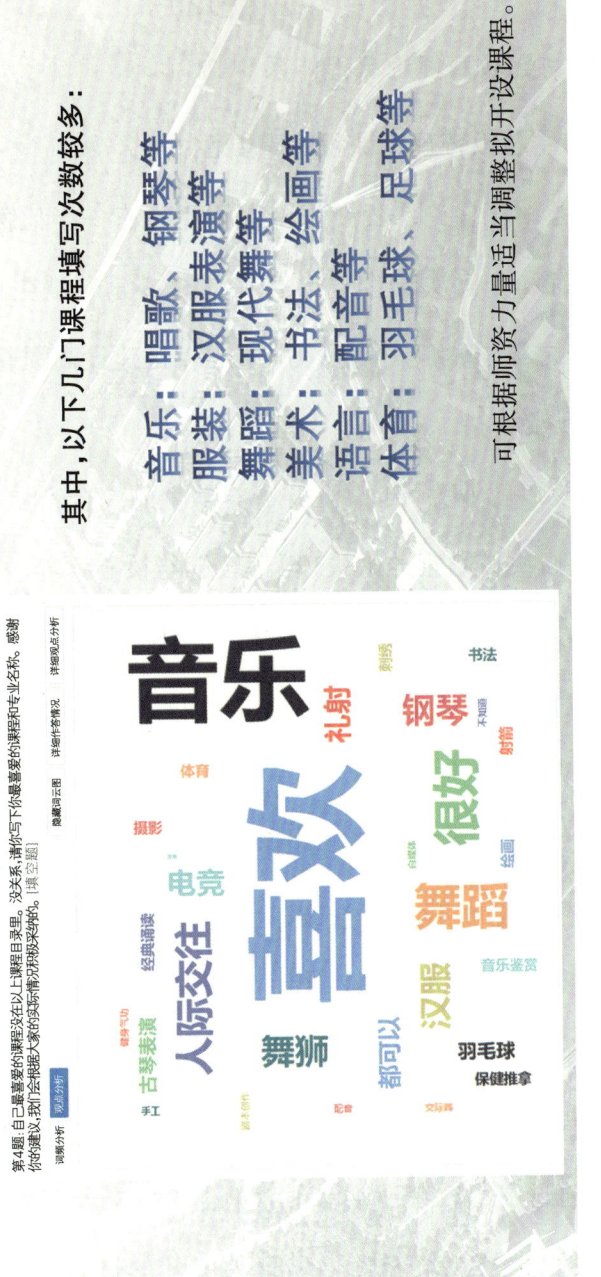

除此之外还有学生自主填写的喜爱、期望的课程名称：

第4题，自己最喜爱的课程没在以上课程目录里，没关系，请你写下你最喜爱的课程和专业名称，感谢你的建议，我们会根据大家的实际情况积极采纳的。[填空题]

其中，以下几门课程填写次数较多：

音乐：唱歌、钢琴等
服装：汉服表演等
舞蹈：现代舞等
美术：书法、绘画等
语言：配音等
体育：羽毛球、足球等

可根据师资力量适当调整拟开设课程。

学生自选课程调查情况

(三)特色职教工坊的课程体系

1. 主题教育理论课程体系

(1)主题教育理论课程的重要性

主题教育理论课程在书院课程里占有一半比例。开设该类课程一方面有利于解决学生普遍存在的核心素养缺失问题,例如不良观念、不正之风、奢靡享乐等;另一方面,是建设高质量书院和提升教学质量的重要举措。

书院以就业为导向,积极培养学生的综合素质,注重教学与育人相统一,解决核心素养缺失、教育教学与核心素养脱节的问题,将核心素养融入课程体系中,优化教学模式,进而提升教学质量。

通过核心素养教育,使学生的整体素质提升到更高层次,书院的师德师风变得更加良好。

(2)主题教育理论课程的主要内容

根据书院的不同特色,八大书院的核心素养分别为"数字思维、健全自我、未来思维、实证探索、国际视野、谨言慎行、诚实笃行、慈爱奉献",主题教育主要围绕这些核心素养来设置课程,如中华优秀传统文化课程、领导力课程、国际交往力课程、劳动教育课程、生命教育课程等。通过主题教育理论课程为学生打好素养基础。

目前,学校在培养学生和育人成才的过程中开展了很多教育系列专题活动,例如洛科大讲堂、洛科学子"就业榜样说""校友说"专题、最美洛科人、"爱我洛科"系列活动、"榜样引领"专题板块等,这是学校的"第三课堂"。

2. 特色教育实践课程体系

书院从2021年建设至今,其特色工坊的教育模式已初具雏形,通过工坊内部的实践课程来为学生提供多种未来的选择。

以河东人文精神养成教育和河西科学精神养成教育为引领,书院已建成礼射表演与汉弓制作、古琴表演与琴斫制作、剧本创作与微电影制作、汉服设计与制作、故事演讲与连环画绘制、皮影表演与制作、茶艺表演与中原壶技艺、礼乐文化与舞蹈表演等众多技艺工坊实验室。开设工坊课程重点分布在鲁班书院、文远书院、仲景书院。

(1)鲁班书院特色教育实践工坊课程

礼射,顾名思义,带有传统礼仪文化的射箭技艺,是一种传统体育运动与文化理念相结合的产物。书院礼射表演与汉弓制作工坊培养学生的汉弓制作技艺,让学生学习和传承中华优秀传统文化,培养学生的文化自信和民族自豪感,促进学生身心健康发展。

古琴表演与琴斫制作工坊也是鲁班书院的特色。古琴是中国传统拨弦乐器,有三千年以上历史,是中国古代地位最崇高的乐器。古琴表演与琴斫制作工坊教学中,对古代记谱法、古琴演奏法、古琴制作法等进行详细解剖,让学生完整了解古琴表演和制作相关知识,以及古琴文化,深入探寻"古琴艺术"。

礼射表演与汉弓制作工坊授课现场

第六章 | 洛科书院育人特色

古琴表演与琴斫制作工坊授课现场

(2)仲景书院特色教育实践工坊课程

仲景书院主要的工坊课程是"礼乐文化与舞蹈表演"。在古代,礼乐中的舞蹈表演是伴随着礼乐文化而产生的,可以通过乐舞来规范人们的行为举止,教化人们的心智。

在不同的朝代,礼乐舞蹈一方面展示出其教育功能,另一方面也展现了其娱乐功能。通过礼乐舞蹈的学习和礼乐文化的熏陶,让学生充分感受古代礼乐文化的特色,感受舞蹈之美,体会舞蹈中蕴含的教育价值。

礼乐文化与舞蹈表演工坊授课现场

(3)文远书院特色教育实践工坊课程

在文远书院中,有故事演讲与连环画绘制、刺绣技艺与女工文创、舞狮（社火）、剧本创作与微电影制作等工坊，对应开设了相关课程，这些课程分别展现出了各自的特色。

　　故事演讲与连环画绘制课程以中国经典传统故事为题材，开展演讲和绘画教学活动，让学生以不同的表达形式深层次地了解中国文化、锻炼表达能力、学习绘画技能，引导学生在艺术创作中提升审美能力，深化对中国传统文化和历史的认识，树立正确的文化价值观，涵养人文精神。

故事演讲与连环画绘制工坊授课现场

刺绣是指用针线在织物上绣制各种装饰图案的工艺，是中国优秀的民族传统工艺之一。这项民族传统工艺需要传承，需要更多的人来关注，尤其是大学生，更有这份责任和义务。通过"刺绣技艺与女工文创"课程，学生一方面可以了解刺绣的针法，另一方面可以学习其发展历史和相关文化知识，理解中国刺绣的文化内涵，开阔视野，陶冶情操。

从方便学生就业的角度来看，工坊根据市场流行趋势，进行刺绣图案设计、刺绣技法创新和产品风格拓展，培养学生的商品市场销售意识、独立思考能力和创新精神，为就业和职业发展奠定基础。

刺绣技艺与女工文创工坊授课现场

舞狮(社火)俗称舞狮子,是中国优秀的民间艺术,一般在元宵佳节或集会庆典中出现,有助兴的作用。

舞狮(礼火)课程一方面通过身体灵巧性的训练,培养学生表演中的翻滚跳跃技巧,另一方面培养学生的欣美能力、协作能力、应变能力,既达到了强健身体的效果,又弘扬了中国传统文化。

舞狮(社火)工坊授课现场

"剧本创作与微电影制作"是研究微电影创作规律和方法的一门课程。学生通过拍摄设备捕捉大自然的美妙瞬间,记录当下社会生活热点,呈现校园美丽风光,宣传校园先进事迹。课程将理论与实务、摄影与编辑、剧本创作与视频制作相结合,力求解决电影制作人在影视作品创作中遇到的实际问题。课程帮助学生掌握微电影制作理论知识,形成微电影创作思维,学会微电影构思、剧本写作、拍摄设备应用、后期制作等技能。

剧本创作与微电影制作工坊授课现场

3. 社会参与协同育人课程体系

十年间,学校顺应发展潮流,主动融入区域产业发展和经济建设,按照"地方离不开,行业都认可,国际可交流"的要求,积极推进政校行企协同育人。在此过程中,书院积极吸引社会力量参与学生培养。

(1)社会参与协同育人的重要性

社会参与协同育人即在育人过程中加入社会教育资源,丰富课程内容。学校内部的教师资源配备有限,邀请行业专家、能工巧匠做兼职教师进行授课,有利于加强校内外联动,壮大教师队伍,为学生匹配更好的教育资源,营造更好的教育环境。

(2)社会参与协同育人的方式

①非遗传承人进入书院讲学

"非遗"即非物质文化遗产。非遗中蕴含着历代人民的智慧和精神,可以培养人们的民族精神,增进文化认同。

洛科书院坐落在涧河两侧,在河洛文化的熏陶中实现育人,以守正创新的正气和锐气,加强非遗文化的传承与保护,守好中华优秀传统文化的"根"和"魂",推动中华优秀传统文化创造性转化、创新性发展。

洛科书院打造独具特色的育人文化和育人模式,将非遗传承人引进书院讲学,进行协同育人模式探索,为学生提供更加丰富的学习内容、更多的学习途径,让优秀文化浸润学生的心灵。

对于学生而言,非遗传承人授课、民间艺人专业展示不仅开阔了他们的视野,提升了他们的文化素养,更让他们体会到一种伟大的精神力量。中华文化博大精深,非遗传承洛科学子责无旁贷。

②校企合作推进教学实践基地建设

学校坚持高质量就业是立校之本,不断进行教学改革,以学生为中心,深化校企合作,加强实习实训,积极构建特色产教融合育人模式,专业群对接支柱产业和新兴产业,通过产业学院加强人才培养供给侧与产业需求侧紧密互融互通,促进课程内容与技术发展对接、教学过程与生产过程对接,让学生在实际生产、操作中掌握专业知识,提升专业技能。

学校与企业加强教学联动,对校企教学实践基地的运行机制、育人方式、学生管理、安全保障等进行合理规划并完善。同时,加强教师队伍的专业性建设,不断筛选优秀教师入校入企开展讲学,推动教师队伍不断壮大,保障教学质量。学校同企业做好统筹协调工作,不断提升基地建设水平,将学校与企业文化融会贯通,制定良好的校企合作规划目标,完善教学实践基地建设。

③打造研学品牌,传播校园文化

在洛科书院,我们始终致力于打造有着职教特色的书院氛围,例如,鲁班书院里的礼射表演与汉弓制作工坊、古琴表演与琴斫制作工坊,在工坊内部充分发挥学生的学习、动手和创新能力。我们也将自己的职教特色品牌和专业文化普及到中小学的课外知识拓展中。在职教品牌打造成功后,可以充分利用好这一平台,与中小学建立联系,发挥书院的专业优势,带动学校品牌的传播。研学品牌的创立,既充实了课堂教学,又为学校的文化宣传提供了输出平台。

参考文献

[1] 卫新.基于核心素养的书院制育人模式的实践研究[M].苏州:苏州大学出版社,2022.

[2] 宫辉.高校书院发展报告(2020)[M].西安:西安交通大学出版社,2021.

[3] 程海东,宫辉.现代高校书院制教育研究[M].西安:西安交通大学出版社,2016.

[4] 陈谷嘉,邓洪波.中国书院制度研究[M].杭州:浙江教育出版社,1997.

[5] 季啸风.中国书院辞典[M].杭州:浙江教育出版社,1996.

[6] 李国钧.中国书院史[M].长沙:湖南教育出版社,1994.

[7] 和飞,曲中林.肇庆学院书院制建设研究[M].北京:高等教育出版社,2013.

[8] 叶峥嵘,慕容居敏.大学书院制与大学生发展[M].北京:高等教育出版社,2013.

[9] 朱为鸿,李炳全.大学文化视域的书院制理论建构[M].北京:高等教育出版社,2013.

[10] 邓洪波.中国书院史(增订版)[M].武汉:武汉大学出版社,2013.

[11]刘河燕.宋代书院与欧洲中世纪大学之比较研究[M].北京:人民出版社,2012.

[12]唐亚阳,吴增礼.中国书院德育研究[M].北京:人民出版社,2014.

[13]邓洪波等.书院学档案[M].武汉:武汉大学出版社,2017.

后 记

本书旨在总结洛阳科技职业学院探索职教书院与专业学院"双院"协同育人取得的阶段性成果,为构建职教特色"三全育人"新模式积累经验。当前,洛科书院仍处于探索发展的初级阶段,在中国特色职教书院育人模式创新、"三全育人"大思政新格局构建方面取得了一些成就,但距离引领职业教育高质量发展的目标要求有较大差距。在未来发展中,洛科书院还有许多理论问题需要深入研究,还有许多实践探索有待进一步深入。

下一步,我们将在提升规范化建设的基础上,深度践行"认同、尊重、激活"育人理念,促进全方位育人。完善书院核心素养课程体系,融入思政教育,摆脱人文教育相对薄弱的困境,挖掘书院实践课程价值内涵,推动全过程育人;发挥书院多元导师育人功能,搭建家校联络平台,拓展校企联动育人空间,在动员全社会力量参与育人的过程中,真正将"三全育人"的教育理念落到实处。通过创新洛科书院育人体系,洛科完善了中国特色职教书院育人模式,突破了高职院校发展的瓶颈,取得了一定成效,赢得了学生的尊敬、家长的赞赏、政府的肯定和社会的广泛认同,为新时代职业教育高质量发展贡献了力量。

受知识水平和研究能力所限,书中难免有疏漏错误之处,敬请各位读者批评指正。

2023年11月7日